大展好書　好書大展

品嘗好書　冠群可期

大展好書　好書大展

品嘗好書　冠群可期

序 言

夫六十甲子籤詩，係由歷代古聖先賢編纂。是由古代名人故事典故編著而成，詩文皆是一般的文字，其文字與典故的意義，含蓄玄虛奧妙。

現今的台灣廟宇到處林立，最為普遍的有六十甲子與一百首籤詩，六十甲子的詩較為淺顯易懂，而一百首籤詩字意較深，且大多是文言文。然而六十甲子籤詩，文字雖簡單，卻也難懂，原因是「知易行難」，其實沒有五術基礎的不一定看得懂。一般解籤者看到好籤說好話，抽到不好的籤就說不好。

其實，解籤不是這樣的，六十甲子有季節月令，故事典故五行相生相剋，最重要的是六十甲子的納音要懂。還有當事人的屬性年庚要明白，這樣一來，對解籤者才能發揮其功能並可相得益彰，所以說，六十甲子籤詩易懂難精。

筆者民國八十一年歲次壬申年去高雄頗為名氣的廟宇參拜，大概農曆十月份。有位香客抽到第十四首的籤詩。籤云：「財中漸漸見分明，花開花謝結子成，寬心且看月中桂，郎君即使見太平。」看起來不會很差。

香客抽到此籤是問事業投資事項，就去問解籤者，解籤先生看到此籤，舉大拇指對香客說：「這是投資的大好機會，不要遲疑馬上行動會賺大錢的。」事後本人問客人有那麼好嗎？客人說跟人合夥事業；公司快要周轉不靈了，他本身也虧了好幾百萬，而解籤的先生還說投資會賺錢？怎麼差那麼多！是不是神明的籤詩不準，或者解籤者功力不夠，值得我們探討。

現在分析第十四首籤「丙寅」五行納音屬「火」，客人抽籤的月令是十月份冬天，五行屬「水」。民國八十一年歲次「壬申」年，壬肖屬「猴」。「猴」地支是「申」，本身流年犯太歲，籤詩天干地支「丙寅」流年「壬申」天干水火相剋，地支「寅申」又相沖，由此可知，天時、地利、人和都失勢。

抽到此籤，一般人看字意，都說會很好。但懂得五行相生相剋、刑沖者一定說不好，會虧本的。解籤者要了解籤詩裡面的典故，還有五行季節旺令、刑沖剋，還要考慮客人的生肖，這樣準確性才高，才不會誤導。稍微疏忽為了一句話，足以誤人，不可不慎歟！

現在來分析第十四首籤，每一首籤詩都有它的卦象，第十四首卦象「丙寅」（○●●●○○）屬山澤損卦，上外卦艮，下內卦兌，春吉、夏吉、秋吉、冬凶。「損」就是減損的意思，所以減損下卦一陽爻以補益上卦一陰爻，同時內卦代表自己本身，外卦相當於第三者，現在減損內卦的一陽以補益外卦的一陰，等於是損我方的利益以補給他人不足收入的意思，亦充分表露「損」的意義。

本書的特點，是把五行相生相剋整理出來，一目了然，以免誤人，良心不安，在易懂難精情況之下，盡一分心力與見解，給解籤者一愚之見，還盼同道先進，賜與指正。

二〇〇八仲夏　林虹余

編者者：林虹余台灣省屏東縣人
現　任：林虹余地政士事務所負責人
曾　任：高雄市命理研究會理監事
高雄市命理研究會紫微斗數學術委員

目錄

一、六十甲子與五行

十天干以甲為首，十二地支以子為首，一天干配一地支，而排成六十甲子。

甲子、乙丑	金	丙寅、丁卯	火	戊辰、己巳	木	庚午、辛未	土	壬申、癸酉	金
甲戌、乙亥	火	丙子、丁丑	水	戊寅、己卯	土	庚辰、辛巳	金	壬午、癸未	木
甲申、乙酉	水	丙戌、丁亥	土	戊子、己丑	火	庚寅、辛卯	木	壬辰、癸巳	水
甲午、乙未	金	丙申、丁酉	火	戊戌、己亥	木	庚子、辛丑	土	壬寅、癸卯	金
甲辰、乙巳	火	丙午、丁未	水	戊申、己酉	土	庚戌、辛亥	金	壬子、癸丑	木
甲寅、乙卯	水	丙辰、丁巳	土	戊午、己未	火	庚申、辛酉	木	壬戌、癸亥	水

二、十天干

陽：甲、丙、戊、庚、壬。

陰：乙、丁、己、辛、癸。

三、十二地支

陽：子、寅、辰、午、申、戌。
陰：丑、卯、巳、未、酉、亥。

四、天干相剋

甲庚、乙辛、丙壬、丁癸、丁辛。（即相剋五行）

五、天干相合

甲巳合化「土」、乙庚合化「金」、丙辛合化「水」。
丁壬合化「木」、戊癸合化「火」。

六、地支六合

子丑合　寅亥合　卯戌合　辰酉合　巳申合　午未合

七、五行相生相剋

五行相生

△金生水、水生木、木生火、火生土、土生金。

五行相剋

△水剋火、火剋金、金剋木、木剋土、土剋水。

八、地支相刑、相穿

（相刑）

子卯、寅巳、巳申、辰午、戌未、丑戌、酉亥。

（相穿）

子未、丑午、卯辰、酉戌、申亥、卯丑。

九、地支六沖

子午沖　丑未沖　寅申沖　辰戌沖　巳亥沖。

十、十二生肖地支所屬

子「鼠」、丑「牛」、寅「虎」、卯「兔」、辰「龍」、巳「蛇」、午「馬」、未「羊」、申「猴」、酉「雞」、戌「狗」、亥「豬」。

十一、五行旺相（看日干及月支）

春：寅、卯、辰（一、二、三月屬木）。

夏：巳、午、未（四、五、六月屬火）。

秋：申、酉、戌（七、八、九月屬金）。

冬：亥、子、丑（十、十一、十二月屬水）。

十二、五行與行業

1.金——銀樓、五金、珠寶、機械、金屬加工業。
2.木——木器、木材、家俱、製紙、紡織、服裝、文具。
3.水——海產、飲料、冷凍、冰、水果、蔬菜、液體、貿易、運輸。
4.火——窯業、煉炭、熔接、燃料、電器、玻璃。
5.土——土木建築、水泥、土產、糧食、礦業、含土質之類。

十三、論五行生剋制化宜忌

徐大升曰。金賴土生。土多生金。土賴火生。火多土焦。火賴木生。木多火熾。木賴水生。水多木漂。水賴金生。金多水氾。金能生水。水多金沉。水能生木。木多水縮。木能生火。火多木焚。火能生土。土多火晦。土能生金。金多土弱。金能剋木。木堅金缺。木能剋土。土重木折。土能剋水，水多土流。水能剋火。火炎水灼。火能剋金。金多火熄。

金衰遇火。必見銷鎔。火弱逢水。必為熄滅。水弱逢土。必為淤塞。土衰逢木。必遭傾陷。木弱逢金。必為砍折。

強金得水。方挫其鋒。強水得木。方泄其勢。強木得火。方化其頑。強火得土。方止其燄。強土得金。方宣其滯。

十四、籤詩季節旺相休囚死

木旺於春，相於冬，休於夏，囚於四季，死於秋。
火旺於夏，相於春，休於四季，囚於秋，死於冬。
金旺於秋，相於四季，休於多，囚於春，死於夏。
水旺於冬，相於秋，休於冬，囚於夏，死於四季。
土旺於四季，相於夏，休於秋，囚於冬，死於春。

甲子籤

屬金利在秋天宜其西方

包公請雷驚仁宗

日出便見風雲散
光明清淨照世間
一向前途通大道
萬事清吉保平安

第一籤（○○○　○○○）

◉解曰

項目	解	項目	解
作事	難成	求財	輕微
病人	末日癒	疾病	平安
尋人	月光在	失物	左方
六甲	生男難養	功名	有
歲君	清吉	婚姻	允成
詞訟	平和而亡事事在援	求雨	尚求
年冬	平常		
移居	得安		

一、屋上之鼠：白天抽較好，夜間抽較平。

二、提示：視他人物當如己物必愛護之。

三、海中金：剛開始、純正。

四、詩解：一旦太陽出來，必有貴人相扶，一切難關必會解開，只要做事光明磊落，必會出頭的一天，前途是光明遠大，只要努力向前，正是條條道路是通的，順利，只要你問心無愧，神明自會保祐你順利平安。

五、合金籤：豪爽活潑，善交際，有義氣，敏捷果斷，內柔外剛。

六、病根：屬肺、口忌（辣）。

七、貴人方向在西方。

八、四季相：秋「旺」、冬「休」、春「囚」、夏「死」。

九、不利方向：大人：煞方東方。

小兒：煞方在南方。

十、宜配生肖：龍、猴、牛，其他生肖次之。

十一、不宜配生肖：羊、馬、兔、雞。

十二、男：逆運、沒主意、遇事退縮、心裏發煩。

十三：女：家內運、主愉快。

十四：查鬼神方向：犯南方男魂。

1 ☰（乾為天）

看這情形，知道全部是陽。陽是象徵男性，「易經」這卦是比喻力量洋溢的意思。

這卦是說明：「昇了過高的龍，只好下來」的意思。已經到了極點不能再進了。占到這個卦的時候，萬事要退一步想，不可著急。靜待時間的到來。

這卦是男性的壯年期，是到了成熟的年齡了，所以，在社會上的地位或責任很重，事業也相當多的時候。每天在外面的工作已經夠緊張了，回家休息，又要操心家庭生活，幾乎沒有停歇的時間。這是中年男性的辛勞。這卦的缺點就是工作多收入少。

你如果是男性的話，就每天忙碌不停。如果是女性的話，那妳就是典型的M型的女人，每天要到外面跑，在家裡是安定不下來的。

這卦還有「堅固」的意思，所以，對於政府關係、法律關係、考試等事，都是很有利的卦。

甲寅籤

屬水利在冬天宜其北方

陳東初祭梅

趙子龍救阿斗

于今此景正當時
看看欲吐百花魁
若能遇得春色到
一灑清吉脫塵埃

第二籤（●○● ○●○）

◉解曰

項目	解	項目	解
買兒	好	求財	先有後無
出外	春好	疾病	平平
作事	二次成	失物	緊尋後見
六甲	生男難固 生女好	功名	不中秋月進
歲君	中和	婚姻	允好
詞訟	損無難事	求雨	甲子日得有
年冬	早八分 允九分		
移居	不可		

一、立定之虎：白天抽平、晚上抽較好。

二、提示：由儉入奢易，由奢入儉難。

三、大溪水：漸入佳境、嶄露頭角。

四、詩解：雖然現在合乎你的理想，正想要轟轟烈烈的創造一番事業，然而所作卻是你目前艱困的時期，只要耐心等待時機，必會突破一切，眼光看遠一點，必有好時機的來臨，必有一番鴻圖大展，最黑暗時才有最黎明的明天。

五、合水籤：熱誠、可靠、精明、向上、溫暖之格。

六、病根：屬腎、口忌「鹹」。

七、貴人方向在北方。

八、四季相：春「休」、夏「囚」、秋「相」、冬「旺」。

九、不利方向：大人：不利在南。

小兒：煞方在北方。

十、宜配生肖：馬、狗大吉，豬吉凶參半，其他生肖次之。

十一、不宜配生肖：蛇、猴。

十二、男女運：平平

十三、查鬼神方向：南方男魂。

2 ䷾（水火既濟）

濟者合也，陰陽調和之象，水在火之上，水因火而用則水能飲食。凡事能會有不勞而獲的現象，但若因此而致氣勢高漲而不知時，亦僅是短暫的光芒而已。

如果你目前的工作屬於上班族的話，要特別謹慎，千萬別做錯事，現在時機已成熟，天時加上人和，大可施展你的抱負。正在找工作的人，別急，好工作即將臨門，等著通知吧！未婚者如果你有對象，又正在交往中，應該可以論婚嫁階段。沒有對象者，別急，對自己要有信心，個性不要太內向，改變一切作風與舉止，你的人就會很快出現在你的身邊了。

問財運，不要操之過急，按部就班、循序漸進，只要你有理財的能力，量入為出，不要任意揮霍錢財，不然會有錢來錢去的現象。切記！

甲辰籤

屬火利在夏天宜其南方

朱德武入寺相分明

勸君把定心莫虛
天註姻緣自有餘
和合重重常吉慶
時來終遇得明珠

第三籤（○○○ ●○●）

◉解曰

項目	解	項目	解
買兒	好	求財	和時多 無則輕
出行	好	疾病	平安
作事	二次成	失物	難尋 月光在
六甲	生男難固 生女好	功名	後科難 月暗有
歲君	安和	婚姻	可成
詞訟	換官即好 二個月完	求雨	過日自有
年冬	八分		
移居	得安		

一、伏潭之龍：白天抽較平，晚上抽較好。

二、提示：見他人善當如已，善必其成之。

三、覆燈火：具有藝術家的天賦。

四、詩解：勸你不要三心兩意了，當事人凡事應有定性、專心，凡事不能勉強的，就像姻緣一樣，有緣千里來相會，無緣對面不相識，只要緣分一到，你所追求的明珠必可到手。

五、合火籤：外強內堅、性剛猛、勇敢、為善仁和、富於鬥志，英雄之格。

六、病根：屬心、口忌「苦」。

七、貴人方向在南方。

八、四季相：春「相」、夏「旺」、秋「囚」、冬「死」。

九、不利方向：大人：不利方向在北方。

小兒：煞方在南方。

十、宜配生肖：鼠、猴、雞大吉，其他次之。

十一、不宜配生肖：牛、兔、狗、龍。

十二、男女：自是不服人、主見太深，又直又硬、固執，宜改之。

十三、查鬼神方向：舊病。

3 ☰☵（天水訟）

「訟」是訴訟、爭論、裁判的意思。這時候無論你自己有多充足的理由，如果，你硬要主張到底，反而會激怒了對方，而招致不利的結果。還有不可以攻擊得太厲害，強爭是無益的，因為天命、時運都還沒到，所以，不可有逼人過甚的言動。

前面的「需」卦是等待機會，這「訟」卦的意思，是彼此意見互異，找不出共同點，不能求得妥協的。譬如，在公司裡面，總經理不聽取你的意見，你覺得心裡不愉快。

就是你有很正當的理由，去控告對方，這個訴訟也不能立即得到勝訴，因為立場不利，做為判決根據的證據不充分。

離婚訴訟的時候，假定妳想要三十萬圓的贍養費，是決得不到的，如果，能得到三分之一的十萬圓，就算成功了。

甲午籤 屬金利在秋天宜其西方

盧龍王次子招親

風恬浪靜可行船
恰是中秋月一輪
凡事不須多憂慮
福祿自有慶家門

第四籤（●●● ●○○）

◉解曰

項目	解	項目	解
買兒	好	求財	少可
出外	好	疾病	平安
作事	成	失物	月光問得在
六甲	生男	功名	後科中秋自知分
歲君	平安	婚姻	和皆月半成
詞訟	平安	求雨	月末即到
年冬	允收八分		
移居	得安		

一、雲中之馬：白天抽較平，晚上抽較好。

二、提示：常懷不忍之心，常存憐憫之心田。

三、沙中金：柔弱不能合和，別人發掘不能出頭。

四、詩解：風浪已經漸漸平靜，就像行船風浪已過，而一帆風順，如八月中秋那樣光明，圓滿皎潔，不必自我憂愁，福祿自來不必求，宜其自然，時來運轉，自然喜氣臨門。

五、合金籤：意氣用事強烈，旺盛、沈著、冷靜，敬業、享福之格。屬「白」色。「內」：性剛勇敢，性本善，富於鬥志。英雄格。「外」：多才巧智，富於機略，義俠心強。

六、病根：屬「肺」，口忌「辣」。

七、貴人方向在西方。

八、四季相：春「休」、夏「囚」、秋「旺」、冬「休」。

九、不利方向：大人：不利方向在東方。小兒：煞方在北。

十、宜配生肖：虎、羊、狗大吉，其他生肖次吉。

十一、不宜配生肖：鼠、牛、馬、兔。

十二、男女運：男順運，有主意，做事從容不迫，中道、不猴急，不亂發脾氣。女逆運：性情剛強，喜出風頭，看不起別人，好爭、好貪，搶權主事，女奪男位。

十三、查鬼神方向：東方女魂。

4 ䷒（地澤臨）

「臨機應變」，這卦就是隨時間的變化，而善為適應的意思。是改變觀念的時候，這是強有力的卦。春天想到一些事，到了秋天又想到另一件事，就是需要有機敏性的。譬如，受了當時的式樣支配・以為這種式樣可以持續下去，而忘記還有新流行的新花樣出現哩。

對於戀愛、婚姻的事情，你要警戒你對感情的移轉。年輕人易趨於幻想、貪戀甜蜜的生活。這是容易熱也容易冷的卦。為了將來正式的結婚，現在，不必太深入為妙。

事業方面，占得這卦時，最好多聽部下或後輩的勸告，來施行新政策，不然，就會落伍，搭不上時代的火車了。

甲申籤

屬水利在冬天宜其北方

王剪戰袁達

只恐前途明有變
勸君作急可宜先
且守長江無大事
命逢太白守身邊

第五籤（●○○　○●○）

◉解曰

事項	解	事項	解
買男兒	不吉	求財	輕微不吉得無
出外	下半年好	大命	允好
作事	起倒前	失物	急問必有
六甲	頭胎生女去即生男	功名	先難後有
歲君	平安	婚姻	不吉難成
官事	宜和拖尾	求雨	朝夕即有
年冬	平正		
移居	不好		

一、過樹之猴：白天抽較好，晚上抽較勞動。

二、提示：一語周旋，乞話挑撥，冰清瓦解，火發煙生。

三、泉中水：勢力不強，正氣、溫和。

四、詩解：明明前進很光明，亦會有變故，做事忽急躁，操之過急，雖然未能先走一步，那只好暫時守住，看情況如何再行事，命理有神明守身邊，自然不會有什麼大事發生。凡事要有先見之明，如果錯過時機，就不要妄動。

五、合水籤：可靠、精明、公正、向上發展，溫和之格。屬「黑」色。「內」：沈著、冷靜、投機、敬業。「外」：多才巧智、機略、有俠義心，清閒。

六、病根：屬腎、口忌「鹹」。

七、貴人方向在北方。

八、四季相：春「休」、夏「囚」、秋「相」、冬「旺」。

九、不利方向：大人：不利方向在南方。

小兒：煞方在南方。

十、宜配生肖：鼠、龍大吉、其他生肖次吉。

十一、不宜配生肖：虎、豬、蛇。

十二、男女運：喜歡揭人隱私，評人缺點，暗箭傷人，說刺激話，自鳴得意，遭人反擊不服氣，內心不平，剋兄弟，多災難，認為不是自然不剋。

十三、查鬼神方向：1.東南方女魂，西南方女魂。2.貴人東北方、西南方。

5 ䷰（澤火革）

「革」可以連想到革命。

「革」是革新，改革的意思。也就是革命的意義。「革」是把舊的事物轉移到新的過程，而其改革應駭要循著正當的途徑變化的。

日本的明治維新，推翻三百年的德川幕府，而產生了立憲君主制度；戰後的民主政治，也是大時代的潮流和人們的力量造成的改革。法國革命也是如此的。

可是「易經」的革，還有「皮革」的意義。這是剝獸類的生皮加工出來，完全改變了它的形態，也有造成新的另一件東西的意思。

「革」從四季來看．好像夏天茂盛的樹木，到了秋天變成紅葉而落下的時勢似的，又像動物脫毛以應季節似的。「革」是表示現象的卦。

大家知道的成語「君子豹變」，這是出在《易經》的「澤火革」裏面。還有「大人虎變」，大人是帝王，君子是宰相。「君子豹變」這句話，現在多半用在「變節」、「叛變」的意義，可是，原來的意思，是君子所講的事，一定不錯，會實行的；即宰相所發的命令、所指示的行動，一般民眾立刻就改變他們的態度，順從其所指示的方面去做。

在公司來講，是整頓人事，解聘老人，採用新人的時候。總之，你占到這卦時，不管是本身的問題，或是周圍的問題，都是到了變動的時期了。運氣也是好轉的時候。

甲戌籤

屬火利在夏天宜其南方

烏精亂宋朝

風雲致雨落洋洋
天災時氣必有傷
命內此事難和合
更逢一足出外鄉

第六籤（○●○　○○○）

◉解曰

項目	解	項目	解
買男兒	不可	求財	空有不吉
出外	無貴人	大命	老險小年不畏
作事	難成	失物	難尋
六甲	生男貴氣	功名	初難後有
歲君	破財月令不吉	婚姻	不宜
官事	不可托尾	求雨	不到則久
年冬	平正		
移居	不可		

一、棲身之狗：白天抽較平，晚上抽較好。

二、提示：無益之人勿視，無益之物勿為。

三、山頭火：氣弱，力量嫌不足。

四、詩解：凡事多變化，讓誰也難料想到，所以時運未到，各蒙損失，應防天災的來臨，多做有益家人之事，而三心二意，拿不出主意，命裡有時終須有，命裡無時莫強求，既然沒有和合的希望，就不必再到處奔跑。

五、合火籤：屬「赤」色。過於意氣用事，衝動、性剛勇敢，富鬥志，英雄之格。「內」：義利分明，溫和賢淑，穩重忠厚。「外」：多才巧智，富於機略，清閒、義氣、心強。

六、病根：屬心臟，口忌「苦」。

七、貴人方向在南方。

八、四季相：春「相」、夏「旺」、秋「囚」、冬「死」。

九、不利方向：大人不利方向在北方。小兒：煞方在南方。

十、宜配生肖：虎、兔、馬大吉、其他生肖次吉。

十一、不宜配生肖：牛、龍、羊、雞。

十二、男女運：自是不服人，主見強，好犯上，又直又硬，出言頂撞，木剋土，不孝。陰木人好動氣，死板、固執，將怨氣悶在心裡，脾經受傷，消化不良，胃腸不好，小兒犯木剋土，不聽父母話。

十三、查鬼神方向：1.東南女魂。2.犯陰煞，五瘟神。

6 ䷍（火天大有）

「大有」是個個應分，各得其時，各得其所的滿足狀態。「大有」就是大為保有的意思。也即是你應該自己保持你的幸福的意義。

看這卦形，陽的中間只有一個陰，像被忠誠的騎士保護的女王似的。而且女王應該有控制力、有包涵力；否則，就沒有女王的資格。女王好像是一個太陽，所以，這卦又好像白天的太陽似地有光明、有力量。

占到這個卦時，是你極幸運的時候，生活餘裕，萬事如意。可是，滿了就要缺，這是世景的常態。你要保持你的幸運是很不容易的。如果大意，以為明天還有好日子，那就錯了。急轉直下，有日落西山的危險。

實力跟權勢是相隨的，而且精力充沛，可以積極地行動，越快越好。在事業上最好切斷枝枝節節的雜事，集中在一個中心。

女性占這卦，在事業上對外很活躍，堪稱為女總經理。當然，不限定於女性，男性當總經理，也需要溫厚、和柔。網羅人才，是事業發展的好機會。對物質方面，充滿著光明的希望，可是，要注意嫉妒反應的發生。

乙丑籤

屬金利在秋天宜其西方

國公暗察白袍將

雲開月出正分明
不須進退向前程
婚姻皆由天注定
和合清吉萬事成

第七籤（○○● ●○●）

◉解曰

事項	解	事項	解
買男兒	成好	求財	月光微微，月暗全無
出外	不可	大命	安大命險
作事	月光成	失物	月光抽在，月暗難尋
六甲	頭胎男	功名	少成就，老無
歲君	好	婚姻	可成
官事	和氣	求雨	初無，月尾有
年冬	平安		
移居	不好		

一、海內之牛：白天較平，晚上抽好。

二、提示：存心不善，不孝父母，風水無益，奉神無益。

三、海中金：剛開始，純正。

四、詩解：烏雲已經散開，不好的已經過去了，現在已大放光明，不須再三心二意，可以直奔自己的前程，只要有福德，命中註定皆得，必會順利美滿成功。

五、合金籤：此人內向，沈著冷靜投機，勤儉，勵業，義俠心膠，外與內相似。

六、病根：屬肺，口忌「辣」。

七、貴人方向在西方。

八、四季相：秋「旺」、冬「休」、春「囚」、夏「死」。

九、不利方向：大人：不利方向在東方。

小兒：煞方在東方。

十、宜配生肖：鼠、蛇、雞大吉，其他次之。

十一、不宜配生肖：龍、馬、羊、狗。

十二、男女運：不服人，主見太深，犯上，又直又硬，出言頂撞、固執。

十三、查鬼神方向：1.舊病。2.青龍煞。

7 ䷺（風水渙）

春風孕帆，船出港口，向著希望的大陸前進。「渙」是散，即渙散、渙發的意思，也就是將內部的瘀血，向外面發散的意思。

拿國家來說，即把握民心整頓內政，告了一段落以後，就要向外發展了。好像英國曾經在海外擴張殖民地，增加國富似的。雖然有困難，仍抱著希望出海的，因此，可以脫離無聊的環境，解除心中的鬱悶。

這卦是運勢很強的時候，可脫離一向的小規模工作，進入集團的大事業的時候。

可是，不要以為有光明的前途而疏忽，因為，海上有颱風，也有大浪。

如果，你一直運氣不好的話，現在，正是回轉的好機會。如果，你是男性的話，你是坐無溫席，而熱於事業的時候。

事業家、政治家常占出這卦。如果你是女性，你在公職上有重要的地位。

這是你可以幫助強有力的男人，而發揮你的力量的時候，可是不要忘記對你丈夫的感謝和愛情。

關於結婚的問題，因為雙方都是熱中於工作，所以，不容易談得攏。如果是因工作而誤了婚期的女性，卻有好機會遇到好對象。

某政治家來占過，他是上次選舉落選的，現在為了下次的競選正在鞏固地盤，這次他的祕書來問：有沒有當選的希望，而占出了這卦。

「不是『出港口的船』的卦嗎?這卦在《易經》原典，有『王假有廟』。一定當選的。」

那個人，現在在外交上有重要的地位，而且是很活躍的議員。

乙卯籤

屬水利在冬天宜其北方

薛仁貴回家

禾稻看看結成完
此事必定兩相全
回到家中寬心坐
妻兒鼓舞樂團圓

第八籤（○●●　●○●）

◉解曰

項目	解	項目	解
買男兒	好	求財	重有
出外	不可	大命	可安
作事	難成	失物	到尋不日即歸
六甲	生男	功名	不中秋月可進
歲君	和氣	婚姻	和諧
官事	定著	求雨	月尾即有
年冬	允收		
移居	得安		

一、得志之兔：白天抽較平，晚上較好。
二、提示：無益之語勿談，無益之書勿讀。
三、大溪水：漸入佳境，嶄露頭角。

四、詩解：一分耕耘一分收穫，辛勤的耕耘，必有豐盛的收穫，這是兩相關的，所以凡事要有計劃，看遠一點，必獲成功，大小歡喜那不是兩相其全之事。

五、合水籤：柔和、誠心，精明、溫和。

六、病根：屬腎，口忌「鹹」。

七、貴人方向在北方。

八、四季相：春「休」、夏「囚」、秋「相」，冬「旺」。

九、不利方向：大人：不利方向在南方。

小兒：煞方在西方。

十、宜配生肖：羊、狗、豬大吉，其他生肖次之。

十一、不宜配生肖：鼠、牛、雞、龍。

十二、男女運：端正、能立、建功作德。

十三、查鬼魂方向：1.北方男魂。2.白虎、陰煞。

8 ䷃（山水蒙）

「蒙」是年紀太輕或是無定見，糊裡糊塗的意思。「蒙」這個字的形狀，是草蓋在家的上面。在繩文時代，人們挖地洞、豎柱子，用茅草把屋頂蓋到地面，「蒙」就是古代的房屋形狀，父母在黑暗的家裡教養小孩子。

所以，這卦的意義是沒有定見，年小，兒童，從此要伸長的人等等。還有「啟蒙」（啟發無知）教育這句話，是從《易經》出來的。

「蒙」卦的運氣，起初不太好，可是，努力做下去，慢慢地會轉好。好像在濃霧裡面走路似的，不知道幾時會踫到石頭跌倒的，所以，要整頓身邊的東西，儘量減輕負重才好。

就事業方面來說，內部暗淡，常會醞釀出困難的事情來。年輕人，前途大有希望，現在，不要走得太快，有正面衝突的。

乙巳籤

屬火利在夏天宜其南方

龍虎軍鬪

龍虎相隨在深山
君爾何須背後看
不知此去相愛悞
他日與我卻無干

第九籤（●○○　○○○）

◉解曰

項目	解	項目	解
買男兒	不可	求財	難事
出外	不可	大命	不吉
作事	難成	失物	勿尋便好
六甲	生男難固	功名	未就
歲君	不吉	婚姻	不可
官事	不可破錢	求雨	尚未自有
年冬	平正		
移居	不宜		

一、出穴之蛇：白天抽較勞動，晚上抽較好。

二、提示：兄弟不和，交友無益，行事無端。

三、覆燈火：有藝術家天賦。

四、詩解：你我好比龍虎鬥，當事人凡事應按自己興趣去做，千萬勿跟志趣不和的人相處，如勉強湊合，一定無法持久，凡事應三思才能避免難題。

五、合火籤：注意無中生有，性剛勇敢為善仁和，富於鬥志，英雄之格。

六、病根：屬心，口忌「苦」。

七、貴人方向在南方。

八、四季相：春「相」、夏「旺」、秋「囚」、冬「死」。

九、不利方向：大人：不利方向在北方。

小兒：煞方在東方。

十、宜配生肖：牛、雞大吉，其他生肖次之。

十一、不宜配生肖：虎、豬、猴。

十二、男：順運：有主意，做事從容不迫。

十三、女：逆運：性情剛強，好爭，搶權主事，奪權。

十四、查鬼神方向：1.東北方南魂。

2.貴人北方。

9 ䷪（澤天夬）

這卦的最優點是天上一陰，五陽在下。向那一陰呼喊著。好像為政者不聽民意，一意孤行地施行獨裁政治，因此，老百姓喊出不平不滿的聲音形態。例如專制獨裁，史有前例，久行利己的政治，不聽民眾的呼聲，結果，引起了革命暴動的前夕形態。

「夬」是決議、決斷、決定等意，就是對事務一意孤行的意思，也有判決的意義，好像以正確的意見，判斷了不正確的人，或者到了危險的關頭，有果敢的決心。

「夬」是有這樣急烈的意義的卦。占到這卦的時候，有如高山孤松似地，自己都是被置在孤立的環境，或是孤立的心理狀態。中國的古典《聊齋誌異》裡，有「山月起」的「殘月賦」。

有一位很有作詩天才的秀才，他的天才不為世間所知，大為悲歎，破口漫罵。有一次喝了酒，忽然覺得自己變了老虎，後來沒有辦法，自個兒隱藏在山裡，獨自向月亮咆哮其不為人世所容的寂寞。

於是乎，他的舊友走過那個地方，他卻藏起來不見面，而託其朋友將他所作的詩，傳到世間。朋友問他何以不出來見面，他說：「看見你就想吃你，走開一百步再回頭來看我。」這位朋友照他所說的走了一百步回頭一看，看見一隻老虎很寂寞地，向著月亮在呻吟。這隻孤獨的老虎留傳下來的「殘月賦」的詩，就像是「澤天夬」的卦。

這卦蘊藏著嚴重的危險；而且是極端的一面。如果占到這卦的時候，儘量和氣，對外要表示順從。

在事實上來說，有下剋上的氣象，所以，時時刻刻要小心，這時候，很容易跟別人爭吵，但是，千萬不可以動手。還有氣勢過盛而失敗的意思。事業擴張過大，出血過多，因為，實力以上的負擔而損傷身體，也有因過勞而倒的。關於契約文書有紛爭，甚至要打官司的。

戀愛的時候，有單相思的形勢，不管好不好，片面拼命地鑽。要退一步想的教訓，是用在這時候。實際上急也無用。

你占到這卦的時候是危險的，所以，要心平氣和地從問題的另一方面來謀改變才是。

乙未籤

屬金利在秋天四方皆宜

岳飛掠秦檜

花開結子一半枯
可惜今年汝虛度
漸漸日落西山去
勸君不用向前途

第十籤（●●○　●●●）

◉解曰

項目	解	項目	解
買男兒	不可	求財	上半年空破錢
出外	不可	大命	不吉
作事	難成	失物	難尋
六甲	生男貴氣 急生女	功名	急想
歲君	不順	婚姻	不可
官事	明白斷吉	求雨	朝夕即到
年冬	平平少收		
移居	末允		

一、敬重之羊：白天抽較平，晚上抽較好。

二、提示：心高氣傲，傳學無益，矯揉造作，思明無益。

三、沙中金：柔弱不能合和，要別人發掘才能出頭。

四、詩解：花開結果，卻一半枯乾，收穫不多，暗示當事人，有勞無功，雖然過去有一段輝煌日子，但結果成就都不多，勸你要看開一點，還是腳踏實地去做，何必空忙一場。

五、合金籤：犯七煞，難遇貴人，喜歡投機，冷靜。屬「白」色。「內」心：義利分明，穩重，忠厚。「外」：巧智，富於機略，義俠心腸。

六、病根：屬「肺」，口忌「甜」。

七、貴人方向在西方。

八、四季相：春「囚」、夏「死」、秋「旺」、冬「體」。

九、不利方向：大人：不利方向在東方。小兒：煞方在北方。

十、宜配生肖：兔、馬、豬大吉，其他生肖次吉。

十一、不宜配生肖：鼠、牛、狗。

十二、男女運：不服人，主見太深，又直又硬，出言頂撞，宜改之陰木的人，脾氣不好，怨氣悶在心裡，脾經受損，消化不良，胃腸不好。若問小孩，不好管教。

十三、查鬼神方向：1.西方男魂。2.陰煞。3.貴人在西方。

10 ䷏（雷地豫）

這是春機發動的時候，春雷響個不停的形狀，不是地上有雷嗎?而初雷一響，冬眠的東西都知道春天已到，開始伸動，樹木也長出新芽了。人們也是同樣地開始新行動的時候。「豫」是預先的意思，就是你為著新行動而預先準備一切的。

領導者能預夠先準備一切，民眾就會放心跟他走。預期、預感、預言、預知、預告這些話，都是預先知道，預先通知的意思。拿破崙說：「我的字典裡沒有不可能。」可是，他在莫斯科一戰，因為，不能預知冬將軍的厲害，毫無準備。結果一敗塗地，終無翻身的機會。

萬事莫如準備要緊，扣緊心弦，踻穩腳根，然後再行出發，這樣一來，你一定可以抓到好機會。這卦是說打基礎辛苦的人，一旦得到信譽，庫存的商品得到好景氣的機會，可以一躍乘風飛揚的，可是「豫」還有「粗心」的意義。人們到了得意的時候，就容易忘記了一切，自以為有過人的才能和力量，不是走向投機，就是言行不檢點而招失敗，請特別注意。

乙酉籤

屬水利在冬天宜其北方

韓文公過秦嶺湘子掃霜雪

靈雞漸漸見分明
凡事且看子丑寅
雲開月出照天下
郎君即便見太平

第十一籤（●○● ●○●）

◉解曰

買男兒	不可	求財	漸漸有
出外	子丑寅可行	大命	不畏
作事	難成子丑寅日拍成	失物	西方尋得在
六甲	生男貴氣	功名	進中
歲君	順吉	婚姻	合
官事	有人和吉三月完局	求雨	近日有
年冬	順好		
移居	平安		

一、唱午之雞：白天抽較好，晚上抽較勞動。

二、提示：志取人財，布施無益。

三、泉中水：勢力不強，正氣、溫和。

四、詩解：凡事要到八月就能夠漸漸轉運，到十一、十二、正月做事就會順利，貴人必會顯助，此籤先苦後甘，渡過黑暗，靈雞一啼更是黎明的一天，一個人一生不會都走霉運，有時來運轉，正如雲門月出，更有一番新氣象。

五、合水籤：內剛、熱忱、可靠、公正、向上、溫和之象。屬「黑」色。「內」：多才巧智，富機略。「外」：沈著、冷靜、投機、敬業。

六、病根：屬腎，口忌「鹹」。

七、貴人方向在北方。

八、四季相：春「休」、夏「死」、秋「相」、冬「旺」。

九、不利方向：大人：不利方向在南方。小兒：煞方在東方。

十、宜配生肖：牛、龍、蛇大吉，其他生肖次吉。

十一、不宜配生肖：鼠、兔、雞、狗。

十二、男女運：自是遭人反擊又不服氣，內心中分辨不已，臉色青帶白、肝經受傷，注意肝問題。

十三、查鬼神方向：1.西北男魂，東南男魂。2.陰煞。3.貴人西方。

11 ䷜（坎為水）

黑水橫流，上面也是水，下面也是水，可是，看不見水底，浩浩蕩蕩，衝激奔流的時候，在人生是流落、落拓的時候。「坎」就是這樣不好的意義。煩惱的卦，也是《易經》四大難卦之一。

占到這卦，是在七零八落的狀態期間。重疊兩個水，所以被激流推動，陷入漩渦的時候。這時，需要有不動搖的心，來渡過這洪流，就是溺死，也只好認為是命運。這時，你就得有堅強的信念，不怕一切困難，只有在真實當中，一成不變地生活以外，別無他途。

如果，是平穩無事的人，占到這卦的時候・要慎防詐欺或竊盜。而且還有受傷的危險。

在愛情方面，常有受到一生都不能恢復的創傷。這卦對於學問、研究宗教等關於精神方面是很好的。健康方面則有酒精中毒、慢性腎臟病、視力減退，女性則有因月經不順而不舒服，正值懷孕卻難產，有時候也是雙胞胎。

關於婚姻問題，也是不很理想，不是正常的。是一種為脫離現實的苦難的策略結婚。男女雙方都有煩惱。是彼此不容易結婚的卦。如有真心的結合，老人的再婚是吉利的。

男性占這卦，都是再婚者，而且全部是另有愛人的。經濟既不充裕，又不能長久繼續一種工作。

從女性方面來說，命運註定都要擔負家庭重擔。也有為精神上的煩惱，也有為物質上的煩惱，墜落到賣身的生涯。起初還想要逃出火坑而努力，終而不能達到目的，輾轉被賣，越陷越深，這種女性常會占到這卦。

總之，遇到這卦，只好靜靜地等到水自行退去，不必去打什麼主意，不要靠近危險的地方。

乙亥籤

屬火利在夏天宜其南方

智遠戰瓜精

長江風浪漸漸靜
于今得進可安寧
必有貴人相扶助
凶事脫出見太平

第十二籤（●○○　●○○）

◉解曰

項目	解	項目	解
買男兒	好	求財	小吉
出外	有責人	大命	少不畏
作事	二次成人引成	失物	急尋
六甲	生男女貴氣	功名	無不中
歲君	順吉	婚姻	好
官事	逢貴人平安	求雨	遠
年冬	平平		
移居	吉		

一、過往之豬：白天抽較勞動，晚上抽較好。

二、提示：不惜元氣，服藥無用，時運不通，要求無益。

三、山頭火：氣弱，力量嫌不足。

四、詩解：長江的風浪漸漸平靜了，逢凶化吉，有難現在慢慢可以化解，不必憂慮，可以安寧無事，只要積極的前進，一定會有貴人相扶助，化險為夷。

五、合火籤：貴人顯，性剛勇敢，富於鬥志，英雄格。屬「赤」色。「內」：多才巧智，富機略，俠義之心。「外」：熱忱可靠，精明公正，一生向上溫和。

六、病根：屬心臟，口忌「苦」。

七、貴人方向在南方。

八、四季相：春「相」、夏「旺」、秋「囚」、冬「死」。

九、不利方向：大人：不利方向在北方。

小兒：煞方在北方。

十、宜配生肖：羊、兔、大吉，虎吉凶各半、其他生肖次吉。

十一、不宜配生肖：蛇、猴、豬。

十二、男女運：「男」沒主見，遇事退縮，心煩悶，優柔寡斷，急性，男逆運時剋妻。「女」有主意，柔順待人，有錯自己承當。

十三、查鬼神方向：1.東南女魂。2.白虎、符煞。

12 ䷹（兌為澤）

「兌」是喜悅、悅樂的意思，表現人們的歡喜。這種喜悅是從心裡發出來的。

待人接物，要溫和誠實，嚴正守己的時候。在人體上說，「兌」是嘴，仔細看，那卦形象是有兩重嘴似的。

你如果是男性的話，是以口才做生意的，例如販賣員、保險經紀人、外交官、播音員、新聞記者、出版業者等都適合。用甘言利誘也是嘴，苦心婆心地去說服人也是嘴。

可是，口說實話的反面，卻有口舌、口論，打不平之嫌，「口為禍源」是不朽的金言。

譬如，遇到困難的工作時，領導者不出怨言，自己率先示範，很和氣地勉勵大家工作，使大家無怨言地高興工作，是非常重要的。

可是，現代的世界，幾乎找不到沒有不平不滿的人，所以，至少也要大笑的。「兌」是少女或者是笑的意義。好像少女笑得東倒西歪似地，有天真的表情。

女性占出這卦的人，小巧玲瓏、嬌娜宜人。中年以上的有音樂的嗜好，私生活也極受丈夫滿意。可是，對日常的家事，則女人的話多，丈夫就不敢作聲了。

關於戀愛或婚姻的事，這是兩個女性在爭奪一個男性，而在咒罵不停的時候。如果，是已婚的，就得每天吵架。一般說起來，是話多而事實少的時候。可是，再婚的人是很好的，因為有喜悅的緣故。

「兌」有精鍊的金的意思，就是金圓、金條之類。人們看到全都歡喜，所以，這卦在金錢方面是很豐富的。

丙子籤

屬水利在冬天宜其北方

撐渡伯行船遇太歲

命中正逢羅孛關
用盡心機總未休
作福問神難得過
恰是行船上高灘

第十三籤（●●○ ○○○）

◉解曰

買男兒	不可	求財	輕先難後得
出外	不可	大命	少年不畏老年不好
作事	難成	失物	末日在托人尋有
六甲	生男貴氣	功名	難成
歲君	淡淡凶事不美	婚姻	宜吉難成
官事	平安	求雨	遠近日無
年冬	平正	來人	末日到
移居	人去物移現運不好		

一、田內之鼠：白天抽較平，晚上抽較好。

二、提示：錢財強覓終為禍，產業奸謀定有雙。

三、潤下水：公正、志氣高，度量較小。

四、詩解：現在遇到凶星，進退兩難，雖然用盡心機也避免不了，就是求神祈福，只能減少損失而已，現已慢了一步，正像行船到沙灘，無法達到所願。

五、合水籤：裡外不一，內心矛盾，但只要對人對事熱誠，溫和之格。屬「黑」色。「內」：內心想向上，但必受阻礙。「外」：性剛強為善仁和，富於鬥志。

六、病根：屬「腎」，口忌「鹹」。

七、貴人方向在北方。

八、四季相：春「休」、夏「囚」、秋「相」、冬「旺」。

九、不利方向：大人：不利方向在南方。小兒：煞方在南方。

十、宜配生肖：龍、猴、牛大吉，其他生肖次吉。

十一、不宜配生肖：羊、馬、兔、雞。

十二、男女運：小心眼，欲進又退，外表柔和，心裡急躁，面色黑，紅發暗，心經受傷，心律不整，心臟方面疾病，幼年剋父，女子中年剋夫。

十三、查鬼神方向：1.東北男魂。2.喪關、替身。

13 ䷡（雷天大壯）

「大壯」是大為雄壯的意思。好像競賽的駿馬，離開出發點，奔騰疾走的狀態。

同樣地，一切的事情都是乘勢奔走的時候，不能來個急剎車。可是，在大好運時，總是容易有過猶不及之感。所以，對於日常生活需要扣緊轡繩。

「壯麗」、「壯舉」、「壯圖」等的「壯」字，都有壯大的意思。恰恰跟遁退的「遯」字是相反的，有強盛的陽上來，所以，陰都會被消滅。與熱鬧和大規模的事有關。

從個人的事業上來說，也是擴張的時候，可是，不要走過頭，剎車有時候會不靈的，會因跑得太快，撞倒別人，或因衝突而受傷，不可不注意。

這是青年人血氣方剛，持才仗勢，有錢的人過於使用錢勢的時候。天氣是夏天，晴天霹靂。糟雜吵鬧的場所，叫聲弘大的人都是這卦的含義。

對於結婚，如果你追得太厲害，是會失敗的，你只要退一步，好好的伺候她，天天緊盯著不放，就會成功的。

如果你是男性，有一點任性，而且精力過剩，所以，女性的健康有問題。雖然，夫婦是和好的，可是你仍覺得家裡不能滿足。

如果你是女性的話，這是不太好的卦。倘若你是女實業家，可以經營男性以上的事情，因為，妳的體內有較多的M型成份。

丙寅籤

屬火利在夏天宜其南方

桃園三結義

財中漸漸見分明
花開花謝結子成
寬心且看月中桂
郎君即便見太平

第十四籤（○●● ●○○）

◉解曰

項目	解	項目	解
買男兒	平正	求財	月光 月暗不好
出外	不可	大命	夫妻不好 月半不畏
作事	難成	失物	西方尋
六甲	男富貴女	功名	做事月光 月暗不成
歲君	中和	婚姻	隨便好 運來
官事	拖尾破才	求雨	月尾有 月半無
年冬	平平	來人	月尾到
移居	吉		

一、山林之虎：白天抽較平，夜間抽較好。

二、提示：親朋有患當扶助，為人切莫討便宜。

三、爐中火：「旺盛」有人提拔才能出頭。

四、詩解：凡事已漸明顯，慢慢在轉運了，正像開花後必成果實，雖然現在不太顯明，但只要努力耕耘必有成果，所以不必焦急，要有耐心的等待，中秋已到，所有希望的事必會明顯出現。

五、合火籤：溫和平順，性剛勇敢，心為善仁和、富於鬥志，富機智，外剛內柔，英雄之格。

六、病根：屬心臟，口忌「苦」。

七、貴人方向在東南方。

八、四季相：夏「旺」、秋「旺」、冬「死」、春「相」。

九、不利方向：大人：不利方向在北方。小兒：煞方在北方。

十、宜配生肖：馬、狗、大吉、豬吉凶參半，其他生肖次之。

十一、不宜配生肖：蛇、猴。

十二、男：逆運，好高騖遠，自尊心強，又爭、又不安份，目無法紀。

十三、女：能守本分，自然不受外物所引誘，毫無畏懼。

十四、查鬼神方向：1.西方女魂。2.青龍煞。

14 ䷨（山澤損）

「損」是損益的損，不是損失或損害的意思；不是失而是給的意思。為他人把自己的東西送給別人，損不是失減的損，而是一定會回來的損，天是不辜負善心人的損。

佛所說的「喜捨」，就是高興把自己的東西捨掉，來滿足自己，而給他人歡喜的意思。如果是你從內心發出，充滿慈愛的禮品，不論多寡，凡是接到的人，一定很高興。

你得到這卦時，就免不了破些財，可是這些破費，後來一定還會經過什麼形式回到你這兒來。好像父親領到了薪水，自己只用了一部分，其餘的要扶養家族、教育小孩子似的。在事業方面則手裡的錢減少，對外投資，將來可收回其利益的狀態。

兩位年輕人在戀愛的時候，男的為愛情可以減損自己的生命，來給予女性喜歡；同時，自己也可以得到歡喜的。這是「損」的最好的例子，對結婚是最好的卦，夫婦和合的卦。尤其是男人入贅，或者跟女家的人住在一起，是上上吉的卦。

丙辰籤

屬土利在四季 三六九十二月

渭水河太公釣魚

八十原來是太公
看看晚景遇文王
目下緊事休相問
勸君且守待運通

第十五籤（●○○ ○○●）

◉ 解曰

事項	解	事項	解
買男兒	平正	求財	先有後有口舌
出外	不可	大命	漸漸好
作事	難成	失物	後尋八月在
六甲	先女後男貴氣	功名	無晚過
歲君	先平後吉	婚姻	隨便允成
官事	允可和	求雨	不日到
年冬	中和	來人	月尾到
移居	不利		

一、天上之龍：白天抽較平，晚上抽較好。

二、提示：世上錢財無定主，那有長貧又富人。

三、砂中土：欠生育之德，善於社交。

四、詩解：依目前做事總不如意，但別太灰心，而是時機未到，最重要的要先充實自己，只要有才能必會重用你的時候，絕不會被埋沒。

五、合土籤：漸漸好，義利分明，和順賢淑、穩重，忠厚之格。

六、病根：屬脾，口忌「甜」。

七、貴人方向在西方。

八、四季相：春「死」、夏「相」、秋「休」、冬「囚」。

九、不利方向：大人：不利方向無。

　　小兒：煞方在南方。

十、宜配生肖：鼠、猴、雞大吉，其他生肖次之。

十一、不宜配生肖：牛、狗、兔。

十二、男運：明禮、通達、能原諒別人。

　　女逆運：不明禮，不順心就怨東怨西。

十三、查鬼神方向：1.西方二位女魂。2.青面將軍、陰煞。

15 ䷛（澤風大過）

「大過」是責任過重的意思。如果你問運氣，占了這卦，是說你現在站在非常危險的立場。可是，不能因為危險而停止一切的行動，應該用堅強的意志來克服這困難，以後的快樂是無限量的。

從事業方面來看，公司內部的人材過多，反而顯著失敗的狀態。又是事業擴張過大，資金不足的時候。

從卦形來看，好像兩條蛇把身體纏在一起似的。這種情形在你的戀愛或結婚方面，可以想像得到的。不管好壞已經是拆也拆不開的狀態了。

比方年紀大的男性被年輕的女性給纏住了，而且都是因為肉體關係拆不開的時候，才會出這個卦的。

還有女性在「花落猶戀春風意」的時候，拼命抓住年輕的男性，不管周圍的人怎麼勸阻，他們是不顧一切的緊纏著拆不開，可是又不像是永久的姻緣。

前世因果，今世應受，修德可彌補過去，審慎處事。

陷入了這種關係的人。可以說是前生的孽緣，而且這種情形的人相當多，說不定是他們祖宗流下來的血液裡面含有這種多情的因素。

總之，你遇到這卦的時候，應該退一步減輕你的負擔，應該避免過勞，保持餘裕的心情，以備未來的大運。「大過」是等待所有的壞運，早日過去的意思。

太公釣魚，離水三寸，八十遇文王，竟開大運。

丙午籤

屬水利在冬天宜其北方

李世民初遊地府

不須作福不須求
用盡心機總未休
陽世不知陰世事
官法如爐不自由

第十六籤（○○○ ●●○）

◉解曰

項目	解	項目	解
買男兒	不正	求財	先年不好下年較好
出外	不吉	大命	少年不畏
作事	辰未日抽好	失物	難尋末日在
六甲	生女	功名	無進
歲君	浮沉	婚姻	難成
官事	不審即和結審局	求雨	不日到
年冬	平正		
移居	不利		

一、行路之馬：白天抽較勞動，晚上較好。
二、提示：貧富由來無定，家貧聚財如煙。
三、天河水：博愛之心，宜多種善者也。

四、詩解：福份不須去尋求，也不須強求，只要你多做善事，必會逢凶化吉，一切運氣的好壞，不是你可以承擔的，乃是命運的安排，而要看自己的福田好壞，所謂「積善之家必有餘慶，積惡之家必有餘殃」。

五、合水籤：精力過於旺盛，熱誠、可靠、精明、公正，一生向上之格。

六、病根：屬腎，口忌「鹹」。

七、貴人方向在北方。

八、四季相：春「休」、夏「囚」、秋「相」、冬「旺」。

九、不利方向：大人：不利方向在南方。

小兒：煞方在南方。

十、宜配生肖：虎、羊、狗大吉。

不宜配生肖：鼠、牛、兔、馬。

十一、合水籤：有智慧，性柔和，心靈手巧，肯低委就下。

十二、男女運：謙虛、明理。

十三、查鬼神方向：1.西南方男魂。2.制白虎。

16 ䷘（天雷無妄）

無慾望，無作意，一切任其自然的叫做「無妄」。一任天然，而無人為的技巧，只以自己本來的面目，就能適合於自然的理法。「無妄」既不是天要折磨人的作意，也不是要幫助人的努力。晴陰風雨也是自然的姿勢，但不是天的意志。

順從天意就是了。如果，你有不正的行為，那是你自己故意招來的麻煩，這時候只好任自然的推移，別無方法可施。既然沒有法子，就是預定也無用。一切隨你，要怎麼樣就怎麼樣。這時候不可積極地進行，但也不可逃避。順從自然，無抵抗地去接受，最為妥當。

天有不測之風雲，人有旦夕之禍福，不尤天不怨人，順應天理地道，遵守國法，靜待機會為宜。

丙申籤

屬火利在夏天宜其南方

姜尚末卜吉凶事　莊子破棺

舊恨重重未改為
家中禍患不臨身
須當謹防宜作福
龍蛇交會得和合

第十七籤（○○●　●○○）

◉解曰

項目	解	項目	解
買男兒	不可	求財	有
出外	不可	大命	求貴人
作事	不正	失物	辰巳日在
六甲	先男後女	功名	勤續好後科
歲君	淡淡	婚姻	好
官事	辰巳日完局	求雨	初初到尾
年冬	平平	來人	辰末日到
移居	隨意		

一、山上之猴：白天較平，晚上抽較好。

二、提示：事能知足心常泰，人到無求口智高。

三、山下火：弱勢，缺乏旺勢。

四、詩解：經歷了無數的失敗，辛酸不必記卦它，消除已經過去的事，還有東山在起的機會，再振作努力去做，必有出頭的一天，只要心田好，細心去做，必能逢凶化吉，而到三、四月交會時，必得到圓滿。

五、合火籤：尤為柔弱，忌身衰，運好性剛勇敢、英雄之格。屬「赤」色。

六、病根：屬心，口忌「苦」。

七、貴人方向在南方。

八、四季相：春「相」、夏「旺」、秋「囚」、冬「死」。

九、不利方向：大人：不利方向在北方。

小兒：煞方在南方。

十、宜配生肖：鼠、龍大吉，其他生肖次吉。

十一、不宜配生肖：虎、蛇、豬。

十二、男女運：個性急躁、好爭理、多管閒事，喜歡挖人短處，臉色白裡透紅，肺經受損，常感冒、咳嗽，財不傷、傷子女。

十三、查鬼神方向：1.東方二位女魂。2.喪鬬、求天公。

17 ䷼（風澤中孚）

「中孚」有至誠之意。「孚」字是「爪」和「子」組合而成。母雞用爪抱蛋的形狀。並不是有什麼外力來迫她，母雞把蛋孵出小雞來是自然的現象。表示真誠不倦的母心。「孵化」就是用爪抱卵，以至於出生的意思。

雞蛋的外殼薄，當中有蛋黃擺勸，掉下來就會破，所以取放要小心。好像雞蛋一經過抱就會孵出小雞似地，如果，你誠實地努力，一定可以成功。

在人事關係方面，好像母雞和小雞親睦一樣，性格、性質不同的人，彼此打開胸襟，誠意合作的共同事業是理想的。

對於男女關係，這「中孚」是典型的相思戀愛的卦。所以，有文學家稱這「中孚」為接吻的形態。果然．照那卦形看來，好像上下彼此親嘴，是表現熱烈的愛情。接吻這句話在東方好像是近年來才普遍地傳說的，其實自古就有這種愛情的表現法。《易經》這部書，真是了不起。

你所希望的事情，只要你誠心誠意地追求，一定可以成功，可是，不要日常迷陷於色情，不小心把蛋滑掉下來，就會發生故障。

丙戌籤

屬土利在四季 三六九 十二月

楊管醉玉仝坐馬

君問中間此言因
看看祿馬拱前程
若得貴人多得利
和合自有兩分明

第十八籤（●○○ ○●○）

◉解曰

項目	解	項目	解
買男兒	月光抽好	求財	月光 不少多
出外	好有貴人	大命	月光抽險 不吉
作事	月光抽好	失物	月光在
六甲	求生	功名	有
歲君	得利	婚姻	好
官事	拖尾月光 不畏	求雨	不日即到
年冬	好	來人	月光到
移居	好		

一、白眠之犬：白天抽較勞動，晚上抽較好。

二、提示：諸葛一生惟謹慎，呂瑞大事不糊塗。

三、屋上土：為人處世須小心，且守才有利。

四、詩解：凡事事出必有因，人各有命，雖然現在比較繁忙，勞力後貴人等相助，必定能成功順利圓滿，解開迷惑，水落石出。

五、合土籤：屬「黃」色。財祿有餘，義利分明、溫和賢淑，穩重忠厚。「內」：性息體休、土重掩光。「外」：火性剛勇為善，仁和，富於鬥志。

六、病根：屬「脾」，口忌「甜」。

七、貴人方向在四方。

八、四季相：春「死」、夏「相」、秋「休」、冬「絕」。

九、不利方向：大人：不利方向無。
　　小兒：煞方在北方。

十、宜配生肖：虎、兔，馬大吉，其他生肖次之。

十一、不宜生肖：牛、龍、羊、雞。

十二、男女運：男：明理、不怨人，能原諒別人，信人不疑。
　　女：逆運：不明理，狂語，又挑剔，不順心就怨東怨西。

十三、查鬼神方向：1.西南女魂、東南女魂。2.有孕婦人生產注意。

18 ䷰（澤火革）

「革」可以連想到革命。

「革」是革新、改革的意思。也就是革命的意義。「革」是把舊的事物轉移到新的過程，而其改革應駭要循著正當的途徑變化。

日本的明治維新，推翻三百年的德川幕府，而產生了立憲君主制度；戰後的民主政治，也是大時代的潮流和人們的力量造成的改革。

可是《易經》的革，還有「皮革」的意義。這是剝獸類的生皮加工出來，完全改變了它的形態，也有造成新的另一件東西的意思。

「革」從四季來看．好像夏天茂盛的樹木，到了秋天變成紅葉而落下的時勢似的，又像動物脫毛以應季節似的。「革」是表示現象的卦。

成語「君子豹變」，出在《易經》的「澤火革」。還有「大人虎變」，大人是帝王，君子是宰相。「君子豹變」現在多半用在「變節」、「叛變」的意義，可是原意是君子所講的事，一定不錯，會實行的；即宰相所發的命令、所指示的行動，一般民眾立刻就改變他們的態度，順從其所指示去做。

丁丑籤

屬水利在冬天宜其北方

紅孩兒捷住路頭

富貴由命天註定
心高必然悞君期
不然且回依舊路
雲開月出自分明

第十九籤（●○●　●○○）

◉解曰

項目	解	項目	解
買男兒	好	求財	小許反害
出外	不可	大命	本人醫
作事	月光抽好	失物	尋在
六甲	生男生女得貴	功名	難得
歲君	照舊	婚姻	平正
官事	勿則吉	求雨	未有
年冬	依舊	來人	來月頭到
移居	不可		

一、湖內之牛：白天抽較勞動，晚上抽較好。

二、提示：欲無後悔須修己，各有前因莫羨人。

三、潤下水：公正，志氣高，度量較小。

四、詩解：生死由命，富貴由天，命理注定，如果你期望過多，必會大失望，而且耽誤了你的佳期，所以，成功不一定都要開創新路，還是照原來的計劃，一樣會有成功的一天。

五、合水籤：熱情可靠、溫和。屬「黑」色。「內」：多才巧智，富於機略，俠義心強。「外」：性剛勇敢，為善仁和，富於鬥志。

六、病根：屬「腎」，口忌「鹹」。

七、貴人方向在北方。

八、四季相：春「休」、夏「囚」、秋「相」、冬「旺」。

九、不利方向：大人：不利方向在南方。小兒：煞方在東方。

十、宜配生肖：鼠、蛇、雞大吉，其他生肖次吉。

十一、不宜生肖：龍、馬、羊、狗。

十二、男女逆順運：「男」：明理，事情做錯會反省，不抱怨別人，能原諒別人，信人不疑。「女」：話張狂，不明理、挑剔，好欺壓人，不順心就怨東怨西。

十三、查鬼神方向：1.東北男魂，東南男魂。2.白虎、灶君、符煞。

19 ䷂（水雷屯）

「屯」是萬物將要生出來的時候，還有一點鬱結不通的景象，所以，含有困難的意思。「屯」卦是六十四卦中的「四大難卦」之一，明中地說，這卦不是好卦。

但是，占得這卦雖然是在苦惱之中，卻有等待時機的希望。草木的新芽在雪埋蓋的下面等待著雪融化後要出來一樣，所以，這時候不必慌張著急。新芽已遭遇到殘雪晚霜，就快出頭了。眼前不可急進，暫時等待機會。

譬如公司初創的時期，安置人事，整理內部，是最重要的工作，不要倉卒地去求擴展，以招致失敗。經營事業，需看時、地、人、財之圓滿運用，互相配合得宜。

遇到這卦時，不管你有什麼大目的或大希望，周圍的情況不利於你時，是無法進展的。可是，決不可以放棄你的希望，因為，你的計劃是不錯的，只是在這時候，你想要做的事情，會四面八方受敵，寸步難行。所以，最好找你的部下或朋友來幫忙，不要自己出頭露面去做。

總而言之，在多難之秋，最好忍耐半年，靜靜地努力，苦惱自然化解，必有好轉的機會。快則四個月就有希望顯露出來的。

如果，是占婚姻的事，是有鬱結之意，不能馬上結婚，再等四、五個月或半年，就可以成功。

丁卯籤

屬火利在夏天宜其南方

孫悟空大難火災

前途功名未得意
只恐命內有交加
兩家必定防損失
勸君且退莫咨嗟

第二十籤（●○○　●●○）

◉解曰

買男兒	不可	求財	空未來
出外	不可	大命	凶
作事	不遠	失物	難尋
六甲	生男凶	功名	來年
歲君	坎坷	婚姻	不合
官事	不可	求雨	不來就無因
年冬	平	來人	未日到
移居	不可		

一、望月之兔：白天抽勞動，夜間抽較好。

二、提示：到心度時佛有眼，運當亨時石能言。

三、爐中火：「旺盛」有人提拔才能出頭。

四、詩解：前途功名未能如意的發展，恐怕命中還有交錯坎坷，家庭應要和合，否則一定會有損失，所以還是退守本分，不必唉聲嘆氣。

五、合火籤：性剛、勇敢、鬥志、多才智巧，富機略，勿意氣用事，適可而止。

六、貴人方向在南方。

七、四季相：夏「旺」、秋「囚」、冬「死」、春「相」。

八、不利方向：大人：不利方向在北方。
小兒：煞方在西方。

九、宜配生肖：羊、狗、豬大吉，其他生肖次之。

十、不宜配生肖：鼠、牛、龍、雞。

十一、男女逆順運與丙寅籤皆同。

十二、查鬼神方向：1.西方女魂。
2.貴人在西方、西北方。

20 ䷐（澤雷隨）

在時光轉移之間，運道也跟著上下。這卦說明：在夏天發揮威力的雷，一到秋天自然會消聲匿跡。這「隨」是隨從的意思，隨從時間，隨從人事，隨從立場。正視事實，隨其所趨，大致不曾錯到那裡。追隨、隨員、隨筆這些話，是自己沒有主體性。

就人事來說，做完了一段事情，在等待下一個機會來的期間，需要隨從機運。人事上，就是自己有實力，也應跟隨別人，才能得到好結果。

這卦是弱運，但決不是壞運。占到這卦時，是身邊漸由強變弱。譬如：調差、搬家這些事情很容易發生，所以，要隨從新事態的轉變。

關於婚姻，這是年輕女性跟年長男性結合的卦。年輕女性隨從的卦，雖然可以結婚，但年齡的距離過大，時代感的不同，體力的相差，將來難有圓滿結果。而且愛情也有複雜化的可能。這卦是年輕女性想要逃脫，而年長男性死命糾纏的場面；還有已婚男性為追求年輕女性，正跟太太鬧離婚。

總之，由男性來說，為了追求那個年輕的女人，無論付出任何代價，都想叫那女人隨從他的。

丁巳籤

屬土利在四季四方皆宜

朱壽昌尋母在長亭

十方佛法有寧通
大難禍患不相同
紅日當空常照耀
還有貴人到家堂

第二二籤（●○○ ○○○）

◉解曰

買男兒	好	求財	難事
出外	平平	大命	險少安
作事	上半年好	失物	難尋
六甲	生男	功名	欲進求神
歲君	中和	婚姻	可成好
官事	先凶後吉	求雨	援到
年冬	八分	來人	立即到
移居	可		

一、塘內之蛇：白天抽較平，晚上抽較好。

二、提示：行事莫將天理錯，立身當與古人爭。

三、砂中土：生育之德，善於社交。

四、詩解：雖然現在有困難，但只要你能誠敬做事，自然神明會保佑，會克服困難而成功，如有遭遇困難，人人都會，只要你有毅力和努力，結果當然就不同了，何況，還有貴人到家堂，化險為夷。

五、合土籤：義利分明，穩重，忠厚之格。

六、病根：屬脾，口忌「甜」。

七、貴人方向在西方。

八、四季相：春「死」、夏「相」、秋「休」、冬「囚」。

九、不利方向：大人：不利方向無。

小兒：煞方在東方。

十、宜配生肖：牛、雞大吉；其他生肖次之。

十一、不宜配生肖：虎、猴、豬。

十二、男女運：男平運，女不講理。

十三、查鬼神方向：1.東北男魂。2.五瘟神。

21 ䷪（澤天夬）

這卦的最大優點是天上一陰，五陽在下，向那一陰呼喊著。好像為政者不聽民意，一意孤行地施行獨裁政治，因此，老百姓喊出不平不滿的聲音。例如專制獨裁的政治，不聽民眾的呼聲，結果引起了革命暴動的前夕形態。

「夬」是決議、決斷、決定，就是對事務一意孤行的意思，也有判決的意義，好像以正確的意見，判斷了不正確的人，或者到了危險的關頭，有果敢的決心。

「夬」有這樣急烈意義的卦。占到這卦時，有如高山孤松似地，自己都是被置在孤立的環境，或是孤立的心理狀態。中國古典《聊齋誌異》裡，有「山月記」的「殘月賦」。

有一位天才作詩秀才，他的天才不為世間所知，大為悲歎，破口漫罵。有一次喝了酒，忽然覺得自己變了老虎，後來沒有辦法，自個兒隱藏在山裡，獨自向月亮咆哮其不為人世所容的寂寞。

他的舊友走過那個地方，他卻藏起來不見面，而託舊友將他所作的詩，傳到世間來。朋友問他何以不出來見面，他說：「看見你就想吃你，你走開一百步再回頭來看我。」這位朋友照他所說走了一百步回頭一看，看見一隻老虎很寂寞地，向著月亮在呻吟。這隻孤獨的老虎留傳下來「殘月賦」的詩，就像是「澤天夬」的卦。

這卦蘊藏著嚴重的危險：而且是極端的一面。如果占到這卦，儘量和氣，對外要表示順從。

事實上來說，有下剋上的氣象，所以，時時刻刻要小心，這時，很容易跟別人爭吵，但是，千萬不可以動手。還有氣勢過盛而失敗的意思。事業擴張過大，出血過多，因為超過實力的負擔而損傷身體，也有因過勞而倒的意謂。關於契約文書有紛爭，甚至要打官司。

戀愛的時候，有單相思的形勢，不管好不好，片面的拼命地鑽。要退一步想的教訓，是用在這時候。實際上急也無用。

婚姻也不是好緣分。陰陽不平衡，夫婦失和，已到離婚邊緣。

占到這卦時是危險的，要心平氣和地從問題的另一方面來謀改變。

丁未籤

屬水利在冬天宜其北方

文王為姜太公拖車

太公家業八十成
月出光輝四海明
命內自然逢大吉
茅屋中間百事亨

第二三籤（●●● ○○●）

◉解曰

項目	斷	項目	斷
買男兒	平平	求財	無多得利
出外	平平	大命	安
作事	難成	失物	援尋
六甲	生男	功名	援達
歲君	順利	婚姻	和合
官事	和合好	求雨	上下弦
年冬	早平允好	來人	月尾到
移居	得利尾吉		

一、失群之羊：白天抽較平，晚上抽較好。

二、提示：修身豈為名權勢，作常思利及人。

三、天河水：博愛之心宜多種善。

四、詩解：抽此籤表示當事人時機未到，必須要等到時機，如硬要去做，只有自尋煩惱，像姜太公雖然是一位人才，但時機未到，也是無發揮之地，所以一切較大器晚成，到時必會大吉利。

五、合水籤：熱忱、可靠、一生向上，溫和之格。

六、病根：屬腎，口忌「鹹」。

七、貴人方向在北方。

八、四季相：春「休」、夏「囚」、秋「相」、冬「旺」。

九、不利方向：大人：不利方向在南方。

小兒：煞方在西方。

十、宜配生肖：兔、豬大吉，其他生肖次之。

不宜配生肖：鼠、牛、狗。

十一、男運：順運：明理達時，虛懷若谷，做錯事會反省。

女：逆運：不明理，不順心就會怨東怨西。

十二、查鬼神方向：西方男魂，制白虎，太歲。

22 ䷭（地風升）

一粒麥播種在地下，播種時在十一月，到了十一月底，在天氣寒冷時，長出黃芽，到了一、二月，就再蓋土踏麥，春天一到分櫱成長結實。「升」是播在地下的種子，升長出來的意思。「上升」是你努力的結果。得到這卦時，就是自己的實力、才幹向正當的方向伸展。

新芽從地下長出來，如果土地肥沃，自然發育良好。太陽的熱量也會促成它生長。占出這卦，表示受到對方的立場和力量的影響，而你是站在被動的地位只好順從，只要你熱誠地努力，被對方認識你的實力和才幹就好了。現在你的希望、計劃和想法，距離實現還有一段路。如果不好好把握住，可能就像種子爛掉長不出芽來，會失掉好機會。只等著運氣，不培養實力是不會發芽的。

「升」是像上階梯似地，一層一層走上去，不能一躍而上。占到這卦，一定是快要晉級或加薪。凡事要切實漸進，按部就班，樂在其中。

對於結婚是非常好的卦。女性有乘玉輿之喜。如果是新婚的太太或是懷孕的初期了，因為這是種子出芽的卦。這時一切要順從，花蕊才會堅固。

丁酉籤

屬火利在夏天宜其南方

周王姐可遇陳春生

第二三籤（○○●　○●●）

欲去長江水闊茫
前途未遂運未通
如今絲綸常在手
只恐魚水不相逢

◉解曰

項目	解	項目	解
買男兒	不可	求財	無多得利
出外	平平	大命	平安
作事	末日抽好	失物	援尋
六甲	生男	功名	援達
歲君	得利順	婚姻	和諧
官事	尾勝吉	求雨	上下強
年冬	早平晚到	來人	末日到
移居	得利		

一、獨立之雞：白天抽較平，晚上抽較好。

二、提示：得一日便是福，做千年計豈非過。

三、山下火：弱勢，缺乏旺勢。

四、詩解：凡是想要做的事，卻無法專心，內心不穩，又欠貴人相扶助，時常遭遇到困難，不理想，雖有遠謀，但還是要等待時機，現在有懷才不遇之感，未被重用。

五、合火籤：性剛勇敢、仁和、富於鬥志，英雄格，屬「赤」色。「內」：冷靜、投機、敬業。「外」：性急、有收穫，雖少，但亦有利。

六、病根：屬心，口忌「苦」。

七、貴人方向在南方。

八、四季相：春「相」、夏「旺」、秋「囚」、冬「死」。

九、不利方向：大人：不利方向在。小兒：煞方在東方。

十、宜配生肖：羊、龍、蛇大吉，其他生肖次吉。

十一、不宜配生肖：鼠、兔、雞、狗。

十二、男女運：又急又躁，主貧，喜出風頭，愛管閒事，臉色白裡透紅，傷肺部，注意感冒病狀。

十三、查鬼神方向：1.東方女魂。2.青龍煞。

23 ䷴（風山漸）

「漸」是有秩序的前進，好像水鳥從水面起飛，飛到了岩土上面，然後又飛到陸地，再飛到樹上，又到了山上，終於飛進雲端消失了。《易經》載明有這種秩序。就是水鳥按著季節變換其生活的地方。女人離開家鄉嫁到別的地方去，也是一樣的。因為，飛動而得幸福。

如果你接到對方的求婚，那是良緣，可以成功。如果你現在是戀愛中，不要停止下來，早點結婚可以得到幸福，但是，一定要按照順序進行。

拿日常生活來說，好像學校教育，由小學經中學、大學的順序；又像人的身體頭腦的成長。

從前女性結婚時，總有一些麻煩的手續。現代雖然沒有那些形式，可是，結婚仍為一生的大事，還是按照順序進行才好。

男性如果是晚婚的，這時候正像是剛起飛的水鳥，說不定太太以外，還曾發生外遇問題。

丁亥籤

屬土利在四季四方皆宜

秦叔寶救李淵

月出光輝四海明
前途祿位見太平
浮雲掃退終無事
可保禍患不臨身

第二四籤（●●● ●○●）

◉解曰

買男兒	好
出外	平平
作事	見光成好
六甲	生男難養
歲君	淡淡
官事	得和
年冬	平正
移居	平正
求財	微微
大命	不妨小妨
失物	難尋
功名	得中
婚姻	好
求雨	未有
來人	月光成好

一、過山之豬：白天抽較勞動，晚上抽較好。

二、提示：知足乃真富貴，吃虧方佔便宜。

三、屋上土：為人處事須小心，且守才有利。

四、詩解：此占先苦後甘，一分耕耘一分收穫，必會有出頭天，沒有過去的努力，那來今日的成就，所以四方皆有光明之路，以前坎坷的過去，像烏雲般掃光，往後就會太平無事而逢凶化吉。

五、合土籤：屬「黃」色。義利分明，溫和，穩重忠厚之格。「內」：熱忱精明公正、一生向上。「外」：性剛強、為善，仁和，鬥志。

六、病根：屬「脾」，口忌「甜」。

七、貴人方向在四方。

八、四季相：春「死」、夏「相」、秋「休」、冬「死」。

九、不利方向：大人：不利方向無。小兒：煞方在西方。

十、宜配生肖：羊、兔大吉，虎吉凶參半，其他生肖次吉。

十一、不宜生肖：蛇、猴、豬。

十二、男女運：小心眼、欲進又退，外表柔和，心裡急躁，幼年剋父，女子中年剋夫。要想不剋就改個性，遇事就有主意了。

十三、查鬼神方向：1.東北方女魂，東南方男魂。2.喪關、墓煞。

24 ䷆（地水師）

這是戰爭的卦，戰爭無論在那條戰線，都不能保證常勝，就大局上看，能把握勝利就算好的。戰爭之前，先要有作戰的訓練。如果一開戰就發生錯誤，會影響到以後的戰局。先前周代的兵制，五百人為一旅，二千五百人為一師，一萬二千五百人為一軍。率領二千五百人的師長的辛苦，用「師」字來表示。以現代來說，就像大公司的總經理，或大集團的領導者所負擔的辛勞一樣。

戰爭需要有智謀的參謀，養成自己能信任的部下。這是開運的基礎。

如果是男性占到這卦，事情很圓滿，但仍需強有力的人來幫忙。與女性的關係，對方多是輕浮不定的女人，還沒有遇到真正愛你的人。不過在事業上，可以做到相當大。

如果是女性，是個事業家、女經理、處理大家庭的人。而且能發揮才能，經營多方面的事業。

總之，不論男女，在日常生活上多是忙於負責的事情。而且多是為他人負責，相當緊張。一面熱心接受他人的請託，一面自己還要經常找出新事業來做。

戊子籤

屬火利在夏天宜其南方

鳳嬌 觀音庵問 籤中奸臣計

總是前途莫心勞
求神問聖枉是多
但看雞犬日過後
不須作福事如何

第二五籤（●○○　○●●）

解曰

買男兒	不吉	求財	利夏天有
出外	不可	大命	秋過不妨
作事	戊日抽好	失物	難尋
六甲	生女	功名	難就
歲君	中和	婚姻	兩相求成
官事	宜和	求雨	甲子乙丑日不久
年冬	平正	來人	戊日到
移居	不好		

一、倉內之鼠：白天抽較平，晚上抽較好。

二、提示：莫言難知己，恐此難對天。

三、霹靂火：變化之大時有超越實力的冒險。

四、詩解：前途總有命運安排，只要當事人去克服問題，光是求神問卜是無法解決問題的，只要酉、戌，便值得知，或八、九月就可以了解。

五、合火籤：性剛強，勇敢，仁和，富鬥志，英雄之格。屬「紅」色。「內」：熱忱可靠、廉正、向上心強。「外」：事理分明，溫和、穩重。

六、病根：屬「心」，口忌「苦」。

七、貴人方向在南方。

八、四季相：春「相」、夏「旺」、利「囚」、冬「死」。

九、不利方向：大人：不利方向在北方。

小兒：煞方在南方。

十、宜配生肖：龍、猴、牛大吉，其他生肖次吉。

十一、不宜配生肖：羊、馬、兔、雞。

十二、男女運：分不清是非，內心憂慮、精神不振，其臉色黃裡透黑、傷腎。對倫常上，剋上下，若想不剋，即用大義包涵過去，須持久，才能改善。

十三、查鬼神方向：1.南方男魂。2.灶君、符煞。

25 ䷞（澤山咸）

「咸」是對事物的敏感，「咸」字下面加「心」就是「感」。如感情、感覺、感謝、感傷、感泣等等，都是人心感動，很敏感地表現出來的。

得到這卦，在運勢方面最重視敏感，用不著講理由，交涉是費時間的，應該是直感、感情地行動的時候了，物擊則鳴，盡量打電話就有效果。

如果你是男性，是個熱情人，富於感受性，有同情心，知道對方的心理，伺候周到，接受別人委託就不顧自己的利害，喜歡為他人努力的男性，所以，女性沒有不喜歡你。

如果你是女性，是個夢想家，感情細膩，動作精細，善於伺候丈夫，是一位貞淑的太太。如果是現在正戀愛中，最好早點結婚，不然會失掉機會，只要真心，對方一定有反應。

這卦對婚姻是好的。可是，年輕人的場合，已經進行到相當的程度了，現在只等著父母的許可狀態了。

戊寅籤

屬土利在四季宜其四方

范丹洗浴遇賢妻

選出牡丹第一枝
勸君折取莫遲疑
世間若問相知處
萬事逢春正及時

第二十六籤（●○● ●○●）

◉解曰

項目	解	項目	解
買男兒	平 平	求財	有
出外	平 平	大命	名醫治之
作事	春成好	失物	尋 有
六甲	生男貴氣 不女然	功名	朱衣點頭
歲君	春貴秋冬	婚姻	好
官事	必和	求雨	必到
年冬	好收	來人	月尾到
移居	吉		

一、過山之虎：白天抽較平，晚上抽較好。

二、提示：知多世事胸襟闊，閱盡人情眼界寬。

三、城頭土：應充實自己，內容不夠充實。

四、詩解：此首比喻莫錯過時機、把握機會，機會難逢，雖要忍耐一段時間，必須要有耐心，勿錯過他，一到春天必有成就。

五、合土籤：此人利義分明，溫和賢淑，穩重忠厚之格。

六、病根：屬脾，口忌「甜」。

七、貴人方向在四方。

八、四季相：春「死」、夏「相」、秋「休」、冬「囚」。

九、不利方向：大人：不利方向無。

小兒：煞方在北方。

十、宜配生肖：馬、狗大吉，豬吉凶參半，其他生肖次之。

十一、男女運：自是不服人，主見太深。

不宜配生肖：蛇、猴。

十二、查鬼神方向：1.西北男魂。2.墓魂、求灶君。

26 ䷜（坎為水）

黑水橫流，上面是水，下面也是水，看不見水底的衝激奔流，在人生是流落、落拓時。「坎」就是不好、煩惱的卦，也是《易經》四大難卦之一。

占到這卦，是七零八落的狀態。重疊兩個水，被激流推動，陷入漩渦。這時，要有不動搖的心，來渡過洪流，就是溺死也只好認為是命運。你要有堅強的信念，不怕一切困難，只有在真實當中，一成不變地生活，別無他途。

如果是平穩無事的人，占到這卦要慎防詐欺或竊盜。而且有受傷的危險。在愛情方面，也常有受到一生都不能恢復的創傷。這卦對於學問、研究宗教等關於精神方面是很好的。健康方面有酒精中毒、慢性腎臟病、視力減退，女性有月經不順而不舒服，正值懷孕卻難產，有時也是雙胞胎。

關於婚姻，也不理想。是一種為脫離現實的苦難的策略結婚。男女雙方都有煩惱。是彼此不容易結婚的卦。如是真心的結合，老人的再婚是吉利的。

這卦只好靜靜地等到水行退去，不必打什麼主意，不要靠近危險為妙。

戊辰籤

利在春天宜其東方

胡完救文氏母女

君爾寬心且自由
門庭清吉家無憂
財寶自然終吉利
凡事無傷不用求

第二七籤（○○○ ●○○）

◉解曰

項目	解	項目	解
買男兒	不吉	求財	淡淡
出外	不可	大命	凶多吉少
作事	難成	失物	自回
六甲	生男可養 生女不然	功名	援到
歲君	未安	婚姻	中和可成
官事	平和	求雨	尚未有
年冬	平平	來人	難在
移居	方便		

一、清溫之龍：白天抽較好，晚上抽較平。

二、提示：忌我安知非常識，欺人到底不英雄。

三、大林木：成長，充實，賢明之意。

四、詩解：勸你不必為俗事操心，按照自己的計畫去做，只要家裡平安無事，自然必得財利，俗話說：「是福不必躲，是禍躲不過。」任何事情順其人自然。

五、合木籤：多才巧智，富於機略，清閒之格。

六、病根：屬肝，口忌「酸」。

七、貴人方向在東方。

八、四季相：春「旺」、夏「休」、秋「囚」、冬「相」。

九、不利方向：大人：不利方向在北方。

小兒：煞方在南方。

十、宜配生肖：鼠、猴、雞大吉，其他生肖次之。

不宜配生肖：牛、狗，兔、龍。

十一、男女運：陽土穩重，實在，實行，陰土拙笨。

十二、查鬼神方向：1.東方女魂。2.白虎。

27 ☰☱（天澤履）

「履」是踏，踮到的意義。這卦是在如踏上老虎尾巴危險的時候。如果，聽從長輩的意見，就可脫離險地。好好地檢討前人的成功或失敗的因素，再去行動。

所以，如果別人還沒行動，你就先去做，準是失敗的。跟著別人去做，可能起初很困難，可是，會成功。幾分勞力就有幾分收穫。因此，起初對人總要客客氣氣，必需向正路走。

如果從頭的態度不明朗，馬馬虎虎地開始，以後必有很不安的事情發生。占這卦的缺點在此。

一九八一年七月，股票大漲價的時候，有一位太太在股票市場大發了財。她問占師：「可以再買進麼？」占的卦「天澤履」是危險的信號。最好去請教對股票有經驗的老先輩，不然一定要失敗的。她雖然不服氣，可是，結果股票大跌。

戊午籤

屬火利在夏天宜其南方

李存孝打虎

於今莫作此當時
虎落平陽被犬欺
世間凡事何難定
千山萬水也遲疑

第二八籤（●●○　○●●）

◉解曰

項目	解	項目	解
買男兒	不可	求財	必得
出外	不可	大命	難醫
作事	成好	失物	難尋
六甲	生男	功名	難得
歲君	平正	婚姻	平正
官事	不可	求雨	不日到
年冬	早不好 晚平常	來人	難在
移居	平平		

一、廄內之馬：白天抽較平，晚上抽較好。

二、提示：不求人處人情好，真得意時意平。

三、天上火：為人之長，受人景仰。

四、詩解：勿提當年好，此一時彼一時也，應要多努力思考求進退，才不會有英雄無用武之地，連最小的也要欺負他，世間事，有什麼難於決定的，如千山萬水的困難，勿再遲疑，果敢的前進。

五、合火籤：性剛勇敢，為善仁和，富於鬥志，若過於輕浮，則必招致傾危。

六、病根：屬心臟，口忌「苦」。

七、貴人方向在南方。

八、四季相：春「相」、夏「旺」、秋「囚」、冬「死」。

九、不利方向：大人：不利方向在北。

小兒：煞方在北方。

十、宜配生肖：虎、羊、狗大吉，其他生肖次之。

不宜配生肖：鼠、牛、兔、馬。

十一、男女運：謙虛、明禮，爭理、貪名、好高騖遠。

十二、查鬼神方向：1.南方二位男魂。2.灶君、求天公。

28 ䷽（雷山小過）

如「過酷」、「過剩」、「過食」都是過度的意思。「小過」是稍微過了一點兒。就是說在日常生活中，高傲不如謙讓，稍微過度一點兒來尊敬對方，比約定的時間少許早到一會兒，有時候須要拉緊一點來節約，事情才不至於失錯。

這卦是說：行動越過限度，就有災害，所以，不能希求做自己能力以上的事情，尤其不可以跟實力懸殊的人爭執，不然會招致失敗。古人對這卦稱為「門前有兵」，有戒避災害的意思。人是要謙遜的，個性過強，驕傲是對自己不利的。語云：「謙受益，滿招損。」

現在，你是失掉了時機的時候，在事業方面也是有過失的時候。先前熱戀的一對青年男女，現在，已成了背對背的狀態了。因為，彼此都固執於自己的主張，互不相讓。夫婦之間也有因生活問題，意見相背。看那卦形就可以知道是精神上不和的狀態。「和為貴」。

戊申籤

屬土利在四季四方皆宜

古城會關公斬蔡陽

枯木可惜未逢春
如今且在暗中藏
寬心且守風霜退
還君依舊作乾坤

◉解曰

買男兒	不吉	求財	微利
出外	不可	大命	允安
作事	末日抽好	失物	援尋
六甲	生女	功名	不就
歲君	平正	婚姻	不吉
官事	被之明利	求雨	久不至即久
年冬	平正	來人	末日到
移居	末日		

第二九籤（●●○　○●○）

一、獨立之猴：白天抽較平，晚上抽較好。

二、提示：須知百步都是夢，未信平金買得問。

三、大驛土：聚寶要塞，不可掉以輕心。

四、詩解：沒有黑暗那有黎明的時刻，所以，在黑暗中應等待機會，你不要太心急，且要寬心的等待，風霜退了春天自然來臨，必會有光輝的一日。

五、合土籤：義利分明，溫和賢淑，穩重，忠厚之格。

六、病根：屬脾，口忌「甘」。

七、貴人方向在四方。

八、四季相：春「死」、夏「相」、秋「休」、冬「囚」。

九、不利方向：大人：不利方向無。

小兒：煞方在南方。

十、宜配生肖：鼠、龍大吉，其他生肖次之。

不宜配生肖：虎、蛇、豬。

十一、男：順運，厚大，寬宏大量，有義氣，有人緣。

女：逆運：好是非，疑心大，做錯了嫁禍於人。

十二、查鬼神方向：1.西北男魂，東北女魂，宜制之。2.陰煞、符煞。

29 ䷶（雷火豐）

「豐」是「豐滿」、「豐麗」、「豐潤」、「豐富」等，現在已經滿滿地達到最高點的狀態了。懸在中天的太陽，雖然是氣勢最盛的時候，可是不久就要西斜了；皓皓的明月，不久又要缺蝕，成為暗夜。這是天地自然的現象。你的運勢也是一樣，現在是非常昌盛的時候，可是，今後的事情應該好好地考慮一下。一天的事情應該在太陽沒有下去以前解決。

君臨天下的帝王是很威風的，凡事規模宏大是堂皇好看的，可是，為了要維持這個局面，卻需要相當的苦心。

古人形容這卦為「殘花待雨時」。強盛發展到極點，就要有哀愁之意，亦即「好花命薄哀愁多」。占到這卦，凡事得明確迅速地解決，不可拖延。

關於男女問題，比如「歸妹」是天地陰陽交合，男女喜悅的形態；而這「豐」是其結果的形態。女性已經懷孕，不得不設法收拾場面的時候了。

一般這卦是暗示衰運，要趕快研究對策。反過來說：「豐」又是「豐麗」的意思，所以，對於從事藝術、文化、藝能、美術工作的人是很好的卦。

戊戌籤

屬木利在春天宜其東方

豬哥過柿山

漸漸看此月中和
過後須防未得過
改變顏色前途去
凡事必定見重勞

第三十籤（●●● ○●○）

◉解曰

買男兒	不正	求財	微利
出外	不可	大命	允安
作事	末日抽成 月光好	失物	援尋
六甲	生女	功名	不就
歲君	平正	婚姻	不可
官事	被之明利	求雨	久不至 即久
年冬	平正	來人	月光到
移居	未可		

一、進山之大：白天抽較勞動，晚上抽較好。

二、提示：無藥可延御相壽，有錢難買子孫賢。

三、平地木：寂寞地站立，平靜而不孤獨。

四、詩解：當事人應注意盛極必衰的預兆，但本木中還沒有太大的變化，此月過要防患未然，不可好高鶩遠，改變一下做法，才不會徒勞無功。

五、合木籤：多才巧智，富於機略，義俠心強。屬「青」色。「內」：義利分明，溫和賢淑。「外」：子旺母衰。

六、病根：屬肝，口忌「酸」。

七、貴人方向在東方。

八、四季相：春「旺」、夏「休」、秋「死」、冬「相」。

九、不利方向：大人：不利方向在西方。小兒：煞方在北方。

十、宜配生肖：虎、兔、馬大吉，其他生肖次吉。

十一、不宜配生肖：牛、龍、雞。

十二、男女運：男順運：信實、忠厚、寬大、敬業。

女逆運：固執、死板、心胸狹窄、愚笨、野蠻。

十三、查鬼神方向：1.東北方二位女魂。

2.貴人東北方。

30 ䷣（地火明夷）

「明夷」是消滅光明的意思，就是太陽已落地，月亮還沒出來的夜晚。看不見踏腳之地，行動危險，所以，無論有什麼急事，總得要有耐心。

占得這卦當然是在運氣不好時，在太陽照不到的地方，所以，對方看不清你的真面目。

雖然，你有本領，有才幹；可是，你把它一發揮，就會招人嫉妒。周圍的人對你的才幹、實力或物質的嫉妒是很強烈的。

家庭裡常為小事情起磨擦。對外也是彼此間的誤會更深化下去。在事業方面已經是負了重傷的時候。應該趁早放棄小損失，不要等到更大的犧牲。如果是埋頭苦幹做人家不注意的研究工作，是很好的卦。

夜晚黑暗，可以充分安眠恢復元氣，所以，這卦是一面培養體力，一面充實內容的時候，光明被削滅的時候，所以，對正式的結婚是不好的，是婚姻破裂、悲傷的時候。如果，是彼此同意不必公開的話，那又當別論。

《易經》的原典拿文王來作例子，文王是殷代的諸侯之一，當時的暴君紂王，因為暴虐到了極點，所以民心叛離，天下人心歸集於文王。紂王怕文王革命，把他捉來關在羑里。文王不抵抗，把自己的聰明和美德藏起來等待時機，後來，殷滅亡了，他即為周代的始祖。黎明前一段期間的黑暗，要咬緊牙根靜靜地等待著，這是最重要的關頭。

三年前的三月，有一天的下午，來了一位三十五、六歲的男人，一看就知道他是為了事業正在傷腦筋。這個人想來求幫助的模樣。

聽他說明以後，知道他是為了把某種研究，化為企業而失敗了。我也覺得他很可憐，所以，想要替他找一條出路，誠心地祈求。這時候，占出了「明夷」的卦。很明顯地表示現在的困難，如果，明白地告訴他，一定會失望的。這是占道的禁條。在不好的當中，如何找出活路，才是指示迷津的要訣。

我不做聲地望著他的臉孔。他氣色雖然不好，卻露有生機，從身體發出的氣氛還有充分的恢復力，所以，我斷定他的逆運是暫時。

「你現在是運氣不好的時候，事業的資金枯渴得不能彈動了。可是，這不是對方不好，而是自己估計錯誤的結果。如果，你還有資本的話，這就是暫時的損失，如果對所有餘款及未收回的資金、土地、不動產拿出來使用，而且你還有才幹，一定可以抓到另一個機會的。現在，無論如何不要著急，一定會有好機會來的。」

這樣一說，那個人的面色立刻變得明朗了，高興地說：「重新再來吧！」而腳步很輕鬆地走出去。

己丑籤

屬火利在夏天宜其南方

孟姜女招親

綠柳蒼蒼正當時
任君此去作乾坤
花果結實無殘謝
福祿自有慶家門

第三一籤（○●○ ●○●）

◉ 解曰

買男兒	好	求財	用心正有
出外	大吉好	大命	有安
作事	威好	失物	免尋無
六甲	生男	功名	高中
歲君	大吉	婚姻	好
官事	勝	求雨	及時
年冬	好	來人	立即到
移居	得安		

一、欄內之牛：白天抽較勞動，晚上抽較好。
二、提示：後半生當念敗德，浮心生當念速死。
三、霹靂火：變化之大時有超越實力與冒險。

四、詩解：天下沒有不勞而獲的事，要收穫必須把握時機，去開創自己的前途好好的努力，自然有成果，多積陰德必有祿慶，那還怕沒有福祿到家門。

五、合火籤：性剛勇敢、仁和，富於鬥志。屬「紅」色。「內」：多才巧智，富機略，俠義心強。「外」：得火溫之，使無盤屈之患。

六、病根：屬「心」，口忌「苦」。

七、貴人方向在南方。

八、四季相：春「相」、夏「旺」、秋「死」、冬「囚」。

九、不利方向：大人：不利方向在北方。

小兒：煞方在東方。

十、宜配生肖：鼠、蛇、雞大吉，其他生肖次吉。

十一、不宜生肖：龍、馬、羊、狗。

十二、男女運：拙劣、死板。合火：溫恭、謙虛、明理。

十三、查鬼神方向：1.舊病。2.向西方祈求。

31 ䷿（火水未濟）

「未濟」是未完成的意思，前面的「既濟」是陰陽相磨，取得平衡，「未濟」是相反地，未得到立場，如果發憤努力，今後的進展一定可期。

時運不佳，立場不明，所以不要強求，應等到時機的到來。雖然，沒有立場，陰陽已經相應，就表示有眉目了。所以不要悲觀。不過，原來是因為實力不足所致，所以不要隨便高估自己，把事情看得太容易，而陷於困境。

這時，很容易著急，慌張。這是天亮之前的一刻，不要以為時間太長放心再睡一覺，就要睡得太晚了。起初，雖然覺得有困難的事情，要勤勉地去做，充分地去準備。尤其對人關係要處得圓滿，努力去爭取自己的立場。

關於婚姻，起初，雖然不大容易談，可是，慢慢地彼此得到瞭解，就可以成功。因為這是立場顛倒的關係，男方說要娶她，可能女方要求去入贅。這就是立場倒轉的意思。

《易經》說：「未濟男之窮也」，所以，這時候家庭的主權大多在太太，丈夫就不能抬起頭來了。譬如，太太帶著家產嫁來的，或是太太的薪水比丈夫高，尤其是丈夫失業，被老婆養活著的……。

女性是命定了的，非領導男的不可，結婚有主權，而且對娘家還有很深的因緣，所以，男的大都是入贅為養子。

這卦的一切都有年輕的意義。所以，運勢都是在伸長的時候。因為，陰陽不平衡，所以，萬事摸不著頭緒。這時候就要拿定目標努力下去。

從一般的運勢來看，這「未濟」卦的卦形是海上朝日。太陽從水面上升的形態。這時候日光雖然不強，這不是有希望的光明嗎？事態漸漸的明朗，一切都是開始活動的時候了。

只要改變看法，就有七福神的寶船，出現在前面的波浪中。朝著這希望的寶船，用你的誠心和努力來衝破人生的巨浪，而達到成功的目標。

《易經》不用一切完成的「既濟」來結束，而以象徵未完成的「未濟」的卦，放在最後的六十四卦，可知古代聖人的叡知了。

己卯籤

屬土利在四季宜其四方

龍虎交會

龍虎相交在門前
此事必定兩相連
黃金忽然變成鐵
何用作福問神仙

第三二籤（○●●　●●○）

◉解曰

項目	解	項目	解
買男兒	不吉	求財	在店有出外無
出外	不可	大命	老險少安
作事	寅辰日過好	失物	空
六甲	生男	功名	不就
歲君	中和	婚姻	口舌多成者中中
官事	不可	求雨	不日到
年冬	未定	來人	寅辰日即到
移居	未可		

一、山林之兔：白天抽較平，晚上抽較好。

二、提示：事雖少不作不成，子雖賢不孝不明。

三、城頭土：應充實自己，內容不夠充實。

四、詩解：龍虎相鬥，必兩敗俱傷，事情發生常常是互相關連的，所以凡事要以和為貴，不可意氣用事，命裡無時莫強求，自是平安。如此互相勾心鬥角，求神明作福也無益。

五、合土籤：屬「黃」色。義利分明，溫和、穩重、忠厚。「內」：多才巧智，富於機略。「外」：性剛勇敢，為善仁和，富於鬥志。

六、病根：屬「脾」，口忌「甜」。

七、貴人方向在西方。

八、四季相：春「死」、夏「相」、秋「休」、冬「死」。

九、不利方向：大人：不利方向在東。小兒：煞方在西方。

十、宜配生肖：羊、狗、豬大吉，其他生肖次吉。

十一、不宜配生肖：鼠、牛、龍、雞。

十二、男女運：固執死板，度量小，遇事看不開，好生悶氣，土和泥分不清是非，憂慮心煩，臉色黃裡透黑，精神萎靡不振，傷腎。

十三、查鬼神方向：1.無。2.問病、舊病。

32 ䷚（山雷頤）

「頤」是養的意思。用嘴吃東西，固然不必說，就是吸收知識、思想的精神食糧也包括在內。吃得不好會鬧胃病傷身體，同樣地，知識、思想也要正常的。「頤」是上下顎的意思，看那卦形好像上下顎合起來似的。又好像整排的牙齒似的。

這卦出來的時候，要注意到因牙齒、腸胃或消化器官所發生的健康問題。這是因為說話過多，招致失敗，或因該說的不說，引起誤會的時期。「嘴是禍根」，該注意自己要說的話。

如果，有志同道合的朋友來合作，是可以得到好結果，就像上下顎緊緊地合起來似的。

婚姻方面，小康生活是沒有問題，可是，年輕人還有奮鬪的機會。至於老年人，就像鑲的牙齒咬東西不方便似地，生活會陷於窮困的狀態。如果，彼此有覺悟，情願去工作的話是很好的。這卦是說夫婦都出去工作，同心合力可以得到幸福。

如果是年輕人的戀愛，現在已進行到約定時間看電影、聽音樂、喝咖啡、吃便飯的時候了，可是，對於今後生活也應該好好考慮一下。現在，是靠父母生活的，將來，彼此的工作應該早作準備。

己巳籤

屬木利在春天宜其東方

銅銀買紙靴

欲去長江水闊茫
行舟把定未遭風
戶內用心再作福
看看魚水得相逢

第三三籤（○●● ○○●）

◉ 解曰

項目	解	項目	解
買男兒	不吉	求財	緊慢有
出外	不可	大命	必好
作事	難成	失物	援尋
六甲	生男	功名	後科
歲君	平和	婚姻	不可
官事	先凶後吉	求雨	援有
年冬	早不好 晚好	來人	末日到
移居	未可		

一、福氣之蛇：白天抽較好，夜間抽較平。

二、提示：壞事勸人休莫作，舉頭三尺有神明。

三、大林木：成長、充實、賢明之意。

四、詩解：凡事一動不如一靜，所計劃的卻是缺貴人，無法像你計劃的那樣，心裡茫茫無主張，很不穩定，那還是安守家內，用心經營，等待時機，必會有貴人相扶，就如魚水相得那般順利。

五、合木籤：多才巧智，富機略，俠義心強，清閒之格，屬「青」色。「內」：性剛勇敢為善，仁和富於鬥志。「外」：義理分明，和順賢能穩重。

六、病根：屬肝臟，口忌「酸」。

七、貴人方向在東方。

八、四季相：春「旺」、夏「休」、秋「囚」、冬「相」。

九、不利方向：大人：不利方向在西方。

小兒：煞方在東方。

十、宜配生肖：牛、雞大吉，其次之。

十一、不宜配生肖：虎、猴、豬。

十二、男女逆順運：男：固執、死板、不信人。女：厚道、寬宏、明理。

十三、查鬼神方向：1.西方女魂。2.五瘟煞、墓魂。

33 ䷑（山風蠱）

「蠱」是不常見的字。這字有破爛、破綻的意義。這字上面有三條蟲，就是盤上的食品腐爛生蟲的狀態，不是正常的狀態。

譬如，由房屋外面看起來，好像是很好的建築，可是，內部已經被白螞蟻給吃空了，所以，需要根本的修理，因此，事先要徹底檢查腐爛的部分。

這卦占出來的時候，你可以想到周圍的狀況，已經是複雜混亂不堪了。這是以為好景可以持續下去，而不留心所致的破綻。事已至此，想要彌補破綻，恢復常態是不簡單的。

譬如，生瘡癰的時候，應趁早開刀徹底治療。同樣地得到這卦時，應及早查知混亂的原因所在，而如施行外科手術似地徹底取掉病根，病根一去運氣就會轉回來的。

己未籤

屬火利在夏天宜其南方

曹公童關遇馬超

危險高山行過盡
莫嫌此路有重重
若見蘭桂漸漸發
去蛇反轉變成龍

第三四籤（○●○　●○●）

◉解曰

項目	解
買男兒	不正
求財	頗重
出外	下半年好
大命	危險而安
作事	辰未日成好
失物	難尋
六甲	生女
功名	後科
歲君	未年得宜
婚姻	難成
官事	勝
求雨	不日到
年冬	早平晚好
移居	故里

一、草野之羊：白天抽較平，晚上抽較好。

二、提示：善惡到頭終有報，只是來早與來遲。

三、天上火：為人之長，受人景仰。

四、詩解：經過長久艱辛萬苦，已經開始轉向順利的大道，應該把握住時機，到了四月至八月已漸漸開花結果，用心去做，必能達到你的願望，蛇也能修成龍。

五、合火籤：性剛勇敢，為善仁和，富於鬥志、英雄之格。

六、病根：屬心臟，口忌「苦」。

七、貴人方向在南方。

八、四季相：春「相」、夏「旺」、秋「囚」、冬「死」。

九、不利方向：大人：不利方向在北方。

小兒：煞方在西方。

十、宜配生肖：豬大吉，兔、馬其他生肖次吉。

不宜配生肖：鼠、牛、狗。

十一、男女運：呆板。

十二、查鬼神方向：1.舊病。2.求上蒼。

34 ䷿（火水未濟）

「未濟」是未完成的意思，前面的「既濟」是陰陽相磨，取得平衡，「未濟」是相反地，未得到立場，如果發憤努力，今後的進展一定可期。

時運不佳，立場不明，所以不要強求，應等到時機的到來。雖然，沒有立場，陰陽已經相應，就表示有眉目了。所以不要悲觀。不過，原來是因為實力不足所致，所以，不要隨便高估自己，把事情看得太容易，而陷於困境。

這時候，很容易著急，慌張。這是天亮之前的一刻，不要以為時間太長，放心再睡一覺，就要睡得太晚了。起初，雖然覺得有困難的事情，要勤勉地去做，充分地去準備。尤其對人際關係要處得圓滿，努力去爭取自己的立場。

關於婚姻，起初，雖然不大容易談，可是，慢慢地彼此得到瞭解，就可以成功。因為這是立場顛倒的關係，男方說要娶她，可能女方要求去入贅。這就是立場倒轉的意思。

《易經》說：「未濟男之窮也。」所以，這時候家庭的主權大多在太太，丈夫就不能抬起頭來了。譬如，太太帶著家產嫁來的，或是太太的薪水比丈夫高，尤其是丈夫失業，被老婆養活著的……。

女性是命定了的，非領導男的不可，結婚有主權，而且對娘家還有很深的因緣，所以，男的大都是入贅為養子。

這卦的一切都有年輕的意義。所以，運勢都是在伸長的時候。因為，陰陽不平衡，所以，萬事摸不著頭緒。這時候就要拿定目標努力下去。

從一般的運勢來看，這「未濟」卦的卦形是海上朝日。太陽從水面上升的形態。這時候日光雖然不強，這不是有希望的光明嗎？事態已漸漸的明朗，一切都是開始活動的時候了。改變看法，就有七福神的寶船，出現在前面的波浪中。朝著這希望的寶船，用你的誠心和努力來衝破人生的巨浪，而達到成功的目標。

《易經》不用一切完成的「既濟」來結束，而以象徵未完成的「未濟」的卦，放在最後的六十四卦，可知古代聖人的叡知了。

己酉籤

屬土利在四季四方皆宜

吳漢殺妻

此事何須用心機
前途變怪自然知
看看此去得和合
漸漸脫出見太平

第三五籤（●●○ ●●●）

◉解曰

項目	解	項目	解
買男兒	不可	求財	六七分
出外	不好	大命	少不畏 老險
作事	難成	失物	尋久即有
六甲	生男	功名	高中
歲君	輕吉	婚姻	好
官事	勝	求雨	不日對
年冬	中和	來人	辰未日到
移居	故里		

一、報曉之雞：白天抽較勞動，晚上抽較好。

二、提示：一年之計在於春，一日之計在於晨。

三、大驛土：寶聚要塞，不可掉以輕心。

四、詩解：此籤乃提示當事人所煩惱的事情已經有轉機了，未來的變化已漸漸變好了，自然會知道必有和合的一天，那就會看見太平的大好時光。

五、合土籤：義利分明，溫和賢淑，穩重，忠厚之格。

六、病根：屬脾，口忌「甜」。

七、貴人方向在四方。

八、四季相：春「死」、夏「相」、秋「休」、冬「囚」。

九、不利方向：大人：不利方向無。

小兒：煞方在東方。

十、宜配生肖：龍、蛇大吉，其他生肖次吉。

不宜配生肖：鼠、兔、雞、狗。

十一、男順運：厚道，遇事能化解，有人緣、誠實。

女逆運：不信任別人，身心不一，寡廉鮮恥。

十二、查鬼神方向：西方男魂。

35 ☳☷（雷地豫）

這是春機發動，春雷響個不停的形狀，不是地上有雷嗎？初雷一響，冬眠的東西都知道春天已到，開始伸動，而樹木也長出新芽。人們也是同樣地開始新行動的時候。「豫」是預先，就是你為著新行動而預先準備一切的。

領導者能預先準備一切，民眾就會放心跟著他走。預期、預感、預言、預知、預告這些話，都是預先知道，預先通知的意思。拿破崙說：「我的字典裡沒有不可能。」可是，他在莫斯科一戰，因為，不能預知冬將軍的厲害，毫無準備。結果，一敗塗地，終無翻身的機會。

萬事莫如準備要緊，扣緊心弦，踴穩腳根，然後再行出發，這樣一來，你一定可以抓到好機會。這卦是說打基礎辛苦的人，一旦得到信譽，庫存的商品得到好景氣的機會，可以一躍乘風飛揚的，可是「豫」還有「粗心」的意義。人們到了得意的時候，就容易忘記一切，自以為有過人的才能和力量，不是走向投機，就是言行不檢點而招失敗的，請特別注意。

己亥籤

屬木利在春天宜其東方

薛仁貴救駕

福如東海壽如山
君爾何須嘆苦難
命內自然逢大吉
祈保分明得自安

第三六籤（○●○　○●○）

◉解曰

項目	解	項目	解
買男兒	好	求財	原舊
出外	不可	大命	安
作事	月光成好	失物	在
六甲	生男	功名	高中
歲君	平安	婚姻	好
官事	勝	求雨	及時
年冬	好	來人	見光即到
移居	安好吉		

一、道院之豬：白天抽較平，晚上抽較好。

二、提示：一家之計在於和，一生之計在於難。

三、平地木：寂寞地站立，平靜不孤獨。

四、詩解：此詩表示福壽都有，就應該知道，俗語知足常樂。所以雖遭到一些問題，何必唉聲歎氣呢，既然命裏有，自然逢凶化吉，只要祈禱就會獲得平安。

五、合木籤：多才巧智，富於機略、性剛。屬「青」色。「內」：熱誠，可靠、精明、正直、一心向上。「外」：義利分明，賢淑穩重。

六、病根：屬肝，口忌「酸」。

七、貴人方向在東方。

八、四季相：春「旺」、夏「休」、秋「囚」、冬「相」。

九、不利方向：大人：不利方向在西方。小兒：煞方在西方。

十、宜配生肖：羊、兔大吉、虎吉凶參半。

十一、不宜配生肖：蛇、猴、豬。

十二、男女運：固執、心胸狹小，遇事看不開，黑白不分，常生悶氣，憂慮，精神萎靡不振，注意腎虧。

十三、查鬼神方向：1.西北女魂。2.貴人在東北。

36 ䷝（離為火）

初夏的太陽，把陽光不斷地照耀在新生的綠葉上，從綠葉上蒸發出來的香味，就好像青年的熱情似地，洋溢充沛，有光明的太陽的意思。

這卦有兩個太陽，卦形是兩個火併起來的，就是說一個太陽下去，又一個太陽上來的意思。

天皇死了，不容間髮地，皇太子就得繼承皇位，所以，皇太子稱為「日繼宮」。皇太子住的日繼宮就是從這卦取名的。

那麼，這卦占出來的時候，要怎麼辦？

太陽在天照耀，才有太陽的價值。同樣地，你要依存著你所屬的地方，才能充分發揮你的能力，有這樣的意義。所以，這卦是個好卦。

對於實際問題，要時常像處理火那樣地謹慎小心，火是人們生活不可缺少的物品，可是，用錯了卻會發生危險。

心理上就好像火在燃燒似地，不斷地轉移，心境不斷地變換，不能抓住目標，是心神不安定的時候。

火跟火疊起來是「炎」字，對於戀愛、結婚的事，是彼此熱烈到燃燒的形態。因為，同樣的性質，所以，都在踏步不進的狀態。還有，因為太清楚雙方的情形，所以，不會感到魅力。雖然周圍的人替他們著急，他們並不積極地行動，對結婚的話也就越說越遠了。

庚子籤

屬土利在四季　三六九十二月

正德君看呼綠牡丹開

運逢得意身顯變
君爾身中皆有益
一向前途無難事
決意之中保清吉

第三七籤（○●●　○●●）

◉解曰

項目	解	項目	解
買男兒	好	求財	六七分
出外	平正	大命	必好
作事	難成	失物	急尋有
六甲	生男	功名	后科
歲君	平和	婚姻	宜得
官事	無敗	求雨	不日到
年冬	平正	來人	即到
移居	得宜		

一、梁上之鼠：白天抽勞動，晚上抽較好。

二、提示：父子和家不退，兄弟和家不分。

三、壁上土：表面成熟，但缺乏發達之氣。

四、詩解：此詩表示遲來運轉，將有好運來臨，所以不要猶豫不決，應當機立斷，從事你認為應當做的事，絕不會錯，自然事事如意。

五、合土籤：義利分明、正直、忠厚，穩重之格。屬「黃」色。「內」：熱忱、公正、向上、可靠。「外」：沈著、冷靜、投機、敬業。

六、病根：屬脾，口忌「甜」。

七、貴人方向在西方。

八、四季相：春「死」、夏「相」、秋「休」、冬「囚」。

九、不利方向：大人：不利方向無。小兒：煞方在南方。

十、宜配生肖：龍、猴、牛大吉，其他生肖次之。

十一、不宜配生肖：羊、馬、兔、雞。

十二、男女運：男順運：人情圓，智慧好，臨機應變。

女逆運：好吃懶做，入於下流，是非多。

十三、查鬼神方向：1.東北男魂。2.犯陰煞宜制太歲。3.貴人南方，東北方。

37 ䷳（艮為山）

有兩個山，所謂「不動如山」。這是恬淡寡欲，胸有成竹，不多講話，像山那樣的高尚，有不動搖的信念。所以，這時候不可以矜能，不可以誇功，應該考慮自己的立場，靜靜地守待著。

在事業方面，這時候是找不到幫助的人·「山」是表示不可以自己前進的意思，因為「山」是站住不動的。

還有從長時期來看，有兩座山重疊起來，可以看做「積塵成山」的意思，如果著實努力，將來一定有大成功的運勢。

妳的婚姻如果是定了，請趕快進行結婚，如果是將開始談的婚事，那就停止不談為妙。

庚寅籤　屬木利在春天　三六九十二月

劉備三請孔明茅廬三分

名顯有意在中間
不須祈禱心自安
看看早晚日過後
即時得意在中間

第三八籤（●○●　●●●）

◉解曰

項目	解	項目	解
買男兒	好	求財	原舊
出外	平正	大命	小好老險
作事	緊成好	失物	可尋
六甲	生男	功名	虛相
歲君	如意	婚姻	平正
官事	寬和	求雨	尚未
年冬	中正	來人	三日後到
移居	安		

一、出山之虎：白天抽較平，晚上抽較好。

二、提示：有子賢之人貧不久，無子賢之人富不長。

三、柏松木：戊氣之意，長生之氣。

四、詩解：堅守自己的立場，做人處事勿太偏激，名位自然顯示，不須求神，自然心安理得，必會在日出與日落領悟到事理，才能得到體會。

五、合木籤：多才巧智，富於機略，俠義心強，清閒之格。屬「青」色。「內」：猶有餘寒，得火溫之木，強得可發。「外」：沈著、冷靜，勤儉、敬業，偏好投機。

六、病根：屬「肝」，口忌「酸、苦」。

七、貴人方向在東方。

八、四季相：春「旺」、夏「休」、秋「死」、冬「相」。

九、不利方向：大人：不利方向在西方。小兒：煞方在北方。

十、宜配生肖：馬、狗大吉，豬吉凶參半，其他生肖次吉。

十一、不宜配生肖：蛇、猴。

十二、男女運：好說人隱私，評人長短，愛說酸話，自鳴得意，分不清是非。臉色青帶白，注意肝方疾病。

十三、查鬼神方向：1.東南方女魂。2.灶君。

38 ䷇（水地比）

「比」是親輔，有親睦、親善、相親相輔的意義。這個卦是水在地上的形狀，也可以想像到豐富的水田。

這是長期戰爭之後，恢復安靜的田園景色，人們都是一團和氣，歡聚在一起的太平景象。而且是在謀求今後生活的向上發展。

但是，「比」也有比較的意思，即自己跟別人比較力量，有比肩、比較、比賽等的意義，也就是說，雖然和平的社會裡生活，還是有激烈的生存競爭，因此，集向同一目標去的人很多。

集向同一目標，就是你想要的，別人也想要，所以，要跟別人相親相輔，不僅是和好，而且還不要落在人後。相親相輔的競爭，就是互助共存的意思。這時候最好是創辦共同事業。

庚辰籤

屬金利在秋天宜其西方

楊文廣被困柳州城

意中若問神仙路
勸爾且退望高樓
寬心且守寬心坐
必然遇得貴人扶

第三九籤（●○● ●●●）

◉解曰

買男兒	不可	求財	輕
出外	不好	大命	安
作事	有貴人	失物	托人尋有
六甲	生女	功名	虛
歲君	淡安	婚姻	平平
官事	和	求雨	未有
年冬	中允	來人	難在
移居	未可		

一、恕性之龍：白天抽較平，晚上抽較好。

二、提示：萬事不由人計較，一生都是命安排。

三、白蠟金：平穩，順暢之意。

四、詩解：表示現在運氣還不是理想，不宜挺進，宜退守以待時機，解通之後，寬心的等待時運，必有貴人來幫助。

五、合金籤：沈著冷靜，富投機、勤儉、勵業。屬「白」色。「內」：義利分明，溫和穩重。「外」：當權得金，金助愈剛，愈剛則折。

六、病根：屬肝，口忌「辣」。

七、貴人方向在西方。

八、四季相：春「囚」、夏「死」、秋「旺」、冬「休」。

九、不利方向：大人：不利方向在東方。

小兒：煞方在南方。

十、宜配生肖：鼠、猴、雞大吉，其他生肖次吉。

十一、不宜配生肖：牛、兔、狗、龍。

十二、男女運：男：逆運，疑人、不信、說謊、輕浮、寡廉鮮恥。

女：順運，人情圓、有義氣，遇事能委曲求全、寬宏大量。

十三、查鬼神方向：1.東南二位女魂。2.五瘟神、制太歲。

39 ䷓（風地觀）

風吹地上的形態。這卦有大風吹地上之感。所以，有萬事難行的意義。在心理上是動搖不安的時候，這時，你應該如何處理，最好是站住不動，平心靜氣地來堅守崗位。

「觀」不僅是看，而且有思索反省的意思。尤其是現在的政治家，占到這卦的時候，必須對自己的政策的反映加以檢討。這卦的重點不是在物質，而是在精神方面。對於學問、研究、信仰是很好的卦，對於精神方面，大有進步的希望，對於物質方面沒有什麼可期待的。

男性得到這卦，是個理想家，是個觀念的行動人物，或有過於頑固之嫌。女性得到這卦，對於精神生活信仰感覺興趣、有精細的觀察力、高尚的理想。選擇男性時，因為理想和現實不能一致，要特別辛苦，所以，妳不要理想掛得太高，稍微降低目標，就能早得幸福。

庚午籤

屬土利在四季宜其四方

三元會葛 其量夫妻 相會

平生富貴成祿位
君家門戶定光輝
此中必定無損失
夫妻百歲喜相隨

第四十籤（●○● ○○○）

◉解曰

買男兒	不可	求財	有
出外	不可	大命	安
作事	難成	失物	自歸
六甲	生男	功名	后科
歲君	允順	婚姻	和諧吉
官事	中和	求雨	后旬到
年冬	中允	來人	月光到
移居	安好吉		

一、常理之馬：白天抽較平，晚上抽較好。

二、提示：命裡有時終須有，命裡無時到底無。

三、路旁土：主要根平，受人親近。

四、詩解：富貴在天，生死由命，平生只要有富貴命，一定有祿命可求，必定光耀門庭，只要家和萬事成，夫妻百年和合，夫唱婦隨，一定不會有所損失的。

五、合土籤：義理分明，溫和賢淑，穩重忠厚之格。屬「黃」色。「內」：性剛勇，為善仁和，富於鬥志。「外」：沈著、冷靜、投機、勤儉、勵業。

六、病根：屬脾，口忌「甜」。

七、貴人方向在西方。

八、四季相：春「死」、夏「相」、秋「休」、冬「囚」。

九、不利方向：大人：不利方向無。小兒：不利方向在北方。

十、宜配生肖：虎、羊、狗大吉，其餘生肖次之。

十一、不宜配生肖：鼠、牛、兔、馬。

十二、男女逆順運。「男」：多躁、好說人短處，愛出風頭，勞神傷財。「女」火剋金，多操心。

十三、查鬼神方向：1.東方男魂。2.貴人在東北方。

40 ䷄（水天需）

「需」是等待的意思，繼續努力慢慢地等待時機。因為有實力，只等待發揮其力量的機會。由這卦的形態看來，不僅是等待，上卦有水，就是在大河的對岸有希望的目的，而你是想要達到的。那麼，你只好等到河水結冰，或者尋找淺灘，或者等看水量減少的時期，或者等渡船來，才能渡過去。無論如何絕不可以冒險跳進急流。「需」是指這種場合。

這卦的意義，不是睡覺等待著機會掉下來，也不是懶惰貪玩等著好運來，而是要慢慢地休養，聚精養銳，以備應付那將來臨的事業，這樣一定會有更大的成就。所以急忙要求的事情，不能如意。若是經過長時間往返，跟他人交涉的事，則接近結束的階段。

婚姻不大相宜，或因對方的心情不定，或因有兩個目標，或因生活問題，或另有對象等等，男女雙方的心，都是為了其他的目標牽動，彼此不很積極，所以，還是等待另一個機會來吧。

庚申籤

屬木利在春天宜其東方

王小姐為色事到禍審英月

今行到手實難推
歌歌暢飲自徘徊
雞犬相聞消息近
婚姻夙世結成雙

第四一籤（○○● ○○○）

◉ 解曰

買男兒	不可	求財	中和
出外	不正	大命	安
作事	難成	失物	不日到
六甲	生男	功名	高中
歲君	平和	婚姻	偕老
官事	勝	求雨	到
年冬	大好十二分	來人	戊日到
移居	得宜		

一、食果之猴：白天抽較平，晚上較好。

二、提示：貧乏求謀事難成，百計徒勞枉費人。

三、石榴木：為人堅實，前途光明。

四、詩解：多年來的苦心，剛有了成果，但又有人求讓，實在很難推辭，心理矛盾，借酒消愁，所以，當事人做任何事都應當機立斷，八、九月就有好消息，尤其像婚姻，所謂有緣千里來相會。

五、合木籤：多才巧智，俠義心強，清閒之格。

六、病根：屬肝，口忌「酸」。

七、貴人方向在東方。

八、四季相：春「旺」、夏「休」、秋「死」、冬「相」。

九、不利方向：大人：不利方向在西方。

小兒：煞方在南方。

十、宜配生肖：鼠、龍大吉，其他生肖次之。

不宜配生肖：虎、蛇、豬。

十一、男女運：活潑、靈敏。

十二、查鬼神方向：1.舊病。2.求月老。

41 ䷈（風天小畜）

險鬱的氣象，就好像望著將雨未雨的鬱悶陰天。倘若沛然一節大雨，可能會晴朗明快，可是，仍然是望著欲雨不雨的天空，有焦急等待的心理狀態。

「小畜」就是這樣的情形。這卦有稍微聚蓄，稍微停待的意義。西邊的天空有陰雲，不久即有大雨，既然如此，稍微停待一下，鬱悶的心情就會一掃而空的。

占到這卦，「畜」有儲蓄的意義，所以，物質方面豐富，運氣也很好。不過，現在計劃的，或開始做的事情，不是很順利，或被人妨礙阻止，有挫折的趨勢。

夫婦之間，是在無精打采的厭倦時期。雖然愛情不差，生活狀態也不壞，可是，心情上總有點不對勁。

有錢有勢的丈夫開始放蕩的生活，老婆每日在家總是氣忿忿的狀態。在中小企業中的太太，對事業熱心，經濟觀念也進步，接待客人也有一手。所以，丈夫把事業交給她也放心，而自己就開始交際遊玩了。

這時候，太太也覺得心有所不安，好像下雨之前的氣悶似的。這就是「小畜」卦的意思。如果，男性走錯了路，家庭的不安狀態持續過久，不服氣的女性，說不定會鬧離婚的。這時候，最好還是毫無抵抗，暫時忍受一會兒，不久這種鬱悶氣忿就會消散的。

庚戌籤

屬金利在秋天宜其四方

孟姜女送寒衣哭倒萬里長城

一重江水一重山
誰知此去路又難
任他改求終不過
是非終久未得安

第四二籤（○●○　○○●）

◉解曰

買男兒	不吉	求財	有原恐無
出外	不吉	大命	未月凶
作事	難成	失物	難尋
六甲	生女	功名	不就
歲君	浮沉	婚姻	不宜
官事	不好	求雨	有小無大
年冬	中中	來人	末日到 不到無
移居	不宜		

一、寺觀之犬：白天抽較平，晚上抽較好。

二、提示：屋漏更遭連夜雨，行船又被對頭風。

三、釵釧金：為人溫和而具有超人的才華。

四、詩解：凡事恐怕一件一件重重阻礙，運氣閉塞不通，所以，實在很難進行順利，此時應堅定立場，守正道，容忍自重，等待時運的轉機。

五、合金籤：沈著、冷靜、投機、勤儉、敬業。

六、病根：屬肺，口忌「甜」。

七、貴人方向在西方。

八、四季相：春「囚」、夏「死」、秋「旺」、冬「休」。

九、不利方向：大人：不利方向在東方。

小兒：煞方在北方。

十、宜配生肖：虎、兔、馬大吉，其他生肖次之。

不宜配生肖：牛、龍、羊、雞。

十一、男：逆運：不信人，輕狂賣俏，寡廉鮮恥。

女：順運：人情圓，有義氣，遇事能委曲求全，寬宏大量。

十二、查鬼神方向：西北女魂。

42 ䷱（火風鼎）

「鼎」是三支腳的，所謂「三足鼎立」，就是三個人合力支持一個東西。一個人不能做的事，三個人合起來必定能成功的卦。現在，一切齊備，有安定感、充實感的狀態。

先前皇帝使用這種鼎來煮鳥獸供神，有時候也用來宴客。帝皇召集了諸侯賢臣，圍鼎設宴，大家在親睦談笑之中，彼此溝通意見，所謂圓桌會議「鼎談」這句話是從這來的。這樣地表示彼此調和的生活，是人生秘訣之一。

在工作的時候，大家能夠和氣，組成調和的三重奏似地，環境、財力、智力三部曲齊備的安定狀態。

還有「一切俱全」或「定位」的意義。所以，它對結婚是好卦，會成功。可是，這卦是三人組合的卦，所以，結婚後可能有第二夫人出現。有時候，有賢慧的好婆婆代為管理家務。不過，這些第三者出現，可能反而得到調和圓滿的結果。

辛丑籤

屬土利在四季四方皆宜

一年作事急如飛
君爾寬心莫遲疑
貴人選在千里外
音信月中漸漸知

第四三籤（●○● ○○●）

偶才母子井邊相會

◉解曰

買男兒	不正	求財	近輕遠重
出外	不利	大命	安
作事	月半抽好	失物	難尋
六甲	生女好男難養	功名	難就
歲君	起倒	婚姻	平平
官事	先易後難	求雨	小許
年冬	中中	來人	月光到
移居	未可		

一、路途之牛：白天抽較勞動，晚上抽較好。
二、提示：有緣千里能相會，無緣對面不相逢。
三、壁上土：表面成熟，缺少發達之氣。

四、詩解：做事要果斷，莫遲疑，勿太心急，現在應該把心放寬，必有貴人來幫助，但目前貴人還在千里之外，你所希望的消息，大概在月中就會慢慢知道。

五、合土籤：義利分明、溫和、忠厚、穩重。屬「黃」色。「內」：多才巧智、富於機略。「外」：沈著、冷靜、勤儉、享福。

六、病根：屬脾，口忌「甜」。

七、貴人方向在西方。

八、四季相：春「死」、夏「相」、秋「休」、冬「囚」。

九、不利方向：大人：不利方向無。小兒：煞方在東方。

十、宜配生肖：鼠、蛇、雞大吉，其他生肖次吉。

十一、不宜配生肖：龍、馬、羊、狗。

十二、男女運：男逆運：疑人、說謊、輕狂賣俏、寡廉鮮恥。

女順運：人情圓、有義氣，遇事委曲求全，寬宏大量。

十三、查鬼神方向：1.西南男魂，西方女魂。2.青龍煞、墓魂。

43 ䷯（水風井）

「井」是水井，水井是日常生活不可缺少的。古代的部落文化，都是建立在流水的旁邊，或在水井的周圍。

在台灣，因為水量很豐富，所以就沒感覺到什麼困難，可是，在荒野生活的人，水井是非常重要的。

部落的人們是以公共水井為中心來生活的，如果水井乾涸了，就得搬到有水脈的地方去居住。

掘到了好水脈時，當然是很高興。那口新井的水量是打不完的，而且，經常保持著同樣的水位。於是乎村落的人們，就在這周圍開始新生活。遠道旅行的人們，也來喝這清水解渴恢復疲勞。

這是井水的美德，但如果吊桶破了，或吊繩斷了，就是有再清的井水，也沒有用處。水井跟桶是不可分離的，一分離就兩相無用了。所以，從夫婦的關係看起來，好像要分離的樣子，可是，去去復來來，徘徊門前石，絕沒有分離的模樣。

總而言之，得到這卦的時候，知道水是日常生活不可缺少的東西，可是，不要忘記努力去打水。井水要常打才有新水湧出來。不僅是為自己止渴，也要替別人效勞。尤其是站在上位的人，經常要注意到部下的辛勞，不要忘記替他們設法解渴。

辛卯籤

屬木利在春天宜其東方

益春留筆

客到前途多得利
君爾何故兩相疑
雖是中間逢進退
月出光輝得運時

第四四籤（○●●　●●●）

◉ 解曰

項目	解	項目	解
買男兒	好	求財	沉浮
出外	好	大命	又好
作事	月光成	失物	難尋
六甲	生男難養	功名	後科
歲君	起倒	婚姻	中和
官事	先易後難	求雨	未有
年冬	中中	來人	月半到
移居	未可		

一、蟾窟之兔：白天抽較平，晚上抽較好。

二、提示：貧在鬧市無人識，富在深山有遠親。

三、松柏木：戊氣之意，長生之氣。

四、詩解：未來的發展，利益多，先難後易之兆，所以勿猜疑，雖是進退兩難，但勿灰心，三心二意，到終了必會見到月光的機會。

五、合木籤：多才巧智，富於機略，義俠心強。屬「青」色。「內」：猶有餘寒，木強可得發。「外」：沈著、冷靜、敬業，喜投機。

六、病根：屬肝，口忌「酸」。

七、貴人方向在東方。

八、四季相：春「旺」、夏「休」、秋「囚」、冬「相」。

九、不利方向：大人：不利方向在西方。

小兒：煞方在西方。

十、宜配生肖：羊、狗、豬大吉，其他生肖次吉。

十一、不宜配生肖：鼠、牛、龍、雞。

十二、男女運：虛有其表，計劃多實行少，內心掙扎不已，徒勞無功，臉色青帶白，肝經受傷，注意肝方面疾病。剋兄弟，宜溝通。

十三、查鬼神方向：1.東南女魂。2.五瘟神、制太歲。

44 ䷖（山地剝）

這是高聳的山峰不堪風雨侵蝕，漸漸地崩潰下來的卦。這「剝」是剝皮，剝削的意思。「剝奪」、「剝落」、「剝離」這些字句都是某種東西被某種力量侵奪的意義。

「追剝」是追迫上去搶奪的意思，也是同樣的狀態。

現在，你的運氣走到最壞的時候了。把這卦形從下往上看，是陽一直被剝削下來的時候；所以，不管你有多大的本領和野心，也不可前進的。古人說：「這是老鼠挖倉庫的險象」。倉庫的外觀還是整整齊齊，可是內部的稻穀已經全部被老鼠吃空了。相信別人，把自己的事情，全部交給他去辦，就像「獅子身上的蟲」似的，獅子將會被蟲咬爛的。

這卦在四季裡是屬於冬天，一日之中是在日暮黃昏的時候，不是人力可以挽回的頹勢。如果硬要逆勢而行，必會招致本身的危險，不可不慎。

「剝」還有大樹的果實落地，再生新芽的意義。所以，在事壞到極點的時候占到這個卦，可以視為：全部脫皮將進入新生的第一步。

關於婚姻的事，請先看這卦形，一個男人五個女人，不平衡的狀態。大多是有媒人在中間隨便捏造的，所以，這種婚事要小心調查清楚，以防受騙。弄得不好，會有不三不四的女人跑來要做你太太的。有時候看中了男人的財產，而來個策略性的結婚。

你如果是男性，那你漁獵的對象很多，可是都不甚高明。而且女人多是頑固不拔的，而男人卻是個軟趴趴的。

如果，你是女性，自己本來有可結婚的對象，可是，卻拼命地去戀著那些藝人——如戲子之類，送禮請客支出浩繁，最後還不見得有結果。

辛巳籤

屬金利在秋天宜其四方

孔夫子過番逢小兒

花開今已結成菓
富貴榮華終到老
君子小人相會合
萬事清吉莫煩惱

第四五籤（○●○　●●●）

◉解曰

買男兒	好	求財	中和
出外	平正	大命	安
作事	難成	失物	歸
六甲	生男	功名	不就
歲君	平和	婚姻	和合
官事	歸局	求雨	四五日到
年冬	允順	來人	末日到
移居	得宜		

一、冬藏之蛇：白天抽較平，晚上抽較好。

二、提示：龍游淺水遭蝦笑，虎落平陽被犬欺。

三、白蠟金：平穩、順暢之意。

四、詩解：種下的瓜終有成果，過去雖很辛勞，現在已結果，所以凡事只要你待人真誠，君子小人你都可以跟他交會，萬事清吉順利，不必煩惱。

五、合金籤：沈著冷靜、勤儉，敬業。屬「白」色。「內」：性剛勇敢，為善仁和，富於鬥志。「外」：尤為柔弱，形體未成身衰金過量，需扶弱壯大。

六、病根：屬肝，口忌「辣」。

七、貴人方向在西方。

八、四季相：春「囚」、夏「死」、秋「旺」、冬「休」。

九、不利方向：大人：不利方向在東方。小兒：煞方在南方。

十、宜配生肖：牛、雞大吉，其他生肖次之。

十一、不宜配生肖：虎、猴、豬。

十二、男女運：男：逆運，不相信別人，說假話，輕浮，寡廉鮮恥。

女：順運：人情好，重義氣，遇事迎刃而解。但是，喜說人短。注意感冒、肺部等病。

十三、查鬼神方向：1.東方女魂。2.青龍煞、墓魂。

45 ䷢（火地晉）

充滿著希望的早晨來了，下面有地，上面有火，太陽離開了地平線，一直上升，不久就會照耀在中天。早上是一天的出發點，所有的活動開始，要鼓起力量向目標邁進的時候。

「晉」是進的意思。「晉」跟「進」同音同義。這卦的原典有一句是：「晉，康侯，用錫馬蕃庶，晝日三接。」這是安國的諸侯，受明君的寵愛，不獨賞賜了馬匹、豐富的物品，而且一日三次接見，就是說禮遇的隆厚，也是大明的氣象。

你如果是拿薪水的白領階級，得到這卦，是運氣好轉的時候。在公司是很忙的時候，古人是用馬來趕辦事務，現在，你該使用汽車，全力去辦，抓住立身處世的好機會。

你又是上級所重視的人，所以，有被提拔上晉的機會。有時候會被調到別的地方去服務的。

地平線上出太陽，買賣、事業都是從現在上進的。都是往好的方向轉變，所以，可積極地進行。不過，有暫時要跟親人離別，或者遇到久別的親友，或是跟不睦的朋友和解等，也會發生在這時候。總之，是要向這目標前進的。

凡事都有好消息的時候，當然，對於結婚也是好的。成家立業更是合適。這時候，有長輩的女性，很周到地替你張羅。比方賢慧的母親，為兒女前途的幸福，住的吃的，都給安排好了。

可是，這卦的缺點，在公司團體裡面，有激烈的嫉妒。男女一樣，對其所做的事都有激烈的妨礙。

辛未籤

屬土利在四季宜其四方

江中立欽賜狀元

功名得位與君顯
前途富貴喜安然
若遇一輪明月照
十五團圓照滿天

第四六籤（○●●　○●○）

◉解曰

項目	解	項目	解
買男兒	好	求財	中中
出外	有貴人	大命	安
作事	成好	失物	尋在
六甲	生男	功名	小連
歲君	吉	婚姻	偕老
官事	勝	求雨	月半有
年冬	早冬好	來人	月光到
移居	可也		

一、得祿之羊：白天抽較平，晚上抽較好。

二、提示：黃河尚有澄清日，豈可人無得運時。

三、路旁土：主要根平，受眾人親近。

四、詩解：好好把握時機，努力充實自己，功名自然會得到，而且會使你顯名天下，平步青雲，前途富貴可待，就像十五團圓的輪月，普照天下到處光明。

五、全土籤：屬「黃」色。「內」：性情烈，止滯不通。「外」：沈著、冷靜，敬業。

六、病根：屬脾，口忌「甜」。

七、貴人方向在四方。

八、四季相：春「死」、夏「柏」、秋「休」、冬「囚」。

九、宜配生肖：兔、馬、豬大吉，其餘生肖次之。

十、不宜配生肖：鼠、牛、狗。

十一、男女逆順運：「男」不信人，說謊，沒有廉恥心。「女」有義氣，遇事能委曲求全，寬宏大量。

十二、查鬼神方向：1.東北男魂，東方女魂。

2.貴人在東北方。

46 ䷃（山水蒙）

「蒙」是年紀太輕或是無定見，糊裡糊塗的意思。「蒙」這個字的形狀，是草蓋在家的上面。在繩文時代，人們是挖地洞、豎柱子，用茅草把屋頂蓋到地面，「蒙」就是古代的房屋的形狀，父母在黑暗的家裡教養小孩子。做為父母的人，教子要從幼兒，使其心健全。

所以，這卦的意義是沒有定見，年小，兒童，從此要伸長的人等等。還有「啟蒙」（啟發無知）教育這句話．是從《易經》出來的。家庭的教育是重身教，以身作則教子行「正」。

「蒙」卦的運氣，起初不大好，可是，努力做下去，慢慢地會轉好。好像在濃霧裡面走路似的，不知道幾時會跴到石頭跌倒的，所以，要整頓身邊的東西，儘量減輕負重。

就事業方面來說，內部暗淡，常會醞釀出困難的事情來。年輕人前途大有希望，現在，不要走得太快，有正面衝突。

辛酉籤

屬木利在春天宜其東方

劉永做官蔭妻兒

君爾何須問聖跡
自己心中皆有益
于今且看月中旬
凶事脫出化成吉

第四七籤（○○● ○●○）

◉解曰

項目	解	項目	解
買男兒	好	求財	照舊
出外	先凶後吉	大命	險
作事	二次成	失物	尋有
六甲	月頭女 月尾男	功名	不就
歲君	淡淡	婚姻	頗乏
官事	先凶後吉	求雨	上下不遠
年冬	中中	來人	月光到
移居	安		

一、籠藏之雞：白天抽較平，晚上抽較好。

二、提示：在家不會迎賓客，出路方知少主人。

三、石榴木：為人堅實，前途光明。

四、詩解：一個人只要問心無愧的去做，不必求神佛，神佛也會暗中保護你，自然會逢凶化吉，所擔心的要等到月中才有轉機，吉人自有天相。

五、合木籤：多才巧智，清閒之格。

六、病根：屬肝，口忌「酸」。

七、貴人方向在東方。

八、四季相：春「旺」、夏「休」、秋「死」、冬「旺」。

九、不利方向：大人：不利方向在西方。

小兒：煞方在東方。

十、宜配生肖：牛、龍、蛇大吉，其他生肖次之。

十一、不宜配生肖：鼠、兔、雞、狗。

十二、男女運：活潑、靈敏。

十三、查鬼神方向：1.舊病。2.求上蒼。

47 ䷤（風火家人）

「家人」是家裡的人。男人在外面工作或打仗，回到家裡有溫柔的妻子款待。火是溫暖光明的，就是女性安慰男性，給予安息的地方。古代生活最重要的是火種，不能讓它熄滅。這卦的形態就是像看守火種的女人，所以，這是女性的家庭卦。

從人們的性格來看，女人就應該像個女人，如果男人像女性的樣子，就不甚高明了。如果你是男性，也是W過剩的男性，連廚房、門戶等等的小事情都是經常要管的丈夫。家庭的帳簿，記得清清楚楚，決不會使生活不安。可是，娶太太仍然是要找個性情溫柔的女性。

男人要占到這卦，他是一個柔和而內向的人，所以，對事業不能望其有迅速的發展。不喜歡出門，愛待在家裡。尋求內部的溫暖，出門就覺得寒冷。在事業方面，也有急待解決的問題。尤其注意外面，不如整理內部。

辛亥籤

屬金利在秋天宜其四方

蜻蜓飛入蜘蛛網

陰世作事未和同
雲遮月色正朦朧
心中意欲前途去
只恐命內運未通

第四八籤（○○○●●●）

◉解曰

項目	斷	項目	斷
買男兒	不可	求財	思而得
出外	不可	大命	險而安
作事	難成 不日抽成	失物	難尋
六甲	生男	功名	免思
歲君	浮沉	婚姻	未可
官事	未可	求雨	暴到
年冬	不吉	來人	末日到
移居	未可		

一、圈裡之豬：白天抽較平，晚上抽較好。

二、提示：相逢不飲空歸去，洞口桃花也美人。

三、釵釧金：為人溫和，而且具有超人的才華。

四、詩解：因為你做事太有個性，太能與人同流，因此有懷才不遇，那就像明月被烏雲遮住而無光，你心裡雖想向前邁進，但恐怕你的運氣還是不亨通的時候。

五、合金籤：冷靜，沈著，敬業。

六、病根：屬肺，口忌「甜」。

七、貴人方向在西方。

八、四季相：春「囚」、夏「死」、秋「旺」、冬「休」。

九、不利方向：大人：不利方向在東方。

小兒：煞方在西方。

十、宜配生肖：羊、兔大吉，虎吉凶參半，其他生肖次之。

十一、不宜配生肖：蛇、猴、豬。

十二、男：順運：遇事能委曲求全，臨機應變。

女：逆運：輕浮。

十三、查鬼神方向：1.西方男魂。2.東方女魂。

48 ☰☷（天地否）

「否」音丕，是閉塞的意義，嘴被塞住不能開口。否運是運氣不好，閉塞不通，也有被否定、被否認的意思。這卦和順風行船的「地天泰」卦恰恰相反，天自高高在上，地自低低在下，永遠各自分離不能融合的狀態。

所以，這時候人不能得到機宜・譬如在政治上，民眾的意見不能反映到政府，政府的計劃不能得到民眾的支持，因為，閉塞不通。所以，在經濟上即為周轉不靈，不能如意進展。在日常生活上即為精神上不暢快。可是，這些還是時間的問題，眼前一時閉塗，如能隱忍自重，自然時間會給你解決的。

這卦出現在戀愛未婚者時，可說是現代稀有的古典柏拉圖式的戀愛。因為上面的天將要離開下面的地。

對方雖然很愛你，可是不敢開口，這戀愛受到家族朋友的節制，不能馬上成功。再等待半年以後，向外圍開始進行，或有希望。

這卦出現在夫婦之間，即表示常常為著小問題鬧意見，或者幾乎將斷絕肉體關係，極端地說，已經到了夫婦分居的階段了。總而言之，已經是你為你，我為我的狀態了。夫婦感情既然相背而馳，又因家庭不和的影響。男性在事業上也要招致衰頹的命運。

如果占到這卦的時候，就得好好地想一想。這種狀態如果再延長下去，對人生有損無利。

如果認為真的是性格不合，不如早點分離，要是認為還有妥協的可能，你還是再折回一次，靠近「地天泰」的狀態，只有以「地天泰」的態度來反省，才能找到對方的好處。

壬子籤

屬木利在春天宜其東方

佛印稍婆答歌詩

言語雖多不可從
風雲靜處未行龍
暗中發得明消息
君爾何須問重重

第四九籤 （○○○ ○●●）

◉解曰

買男兒	不常	求財	用心而得
出外	不可	大命	老險少安
作事	未辰日好	失物	東方尋有
六甲	生男在貴	功名	進步
歲君	不生好	婚姻	口舌多難成
官事	口舌多難和	求雨	尚未
年冬	早好	來人	未日到
移居	得宜		

一、山上之鼠：白天抽較平，晚上抽較好。

二、提示：有錢有酒多兄弟，急難何曾見一人。

三、桑拓木：忍氣、伸長、度量大。

四、詩解：告訴當事人要有主見，不要聽信他人，所謂人多口雜，最後無所適從。時機未到，必須等待風雲際會，而現在暗中已發現明處的消息，就會自己去決定何去何從，何必一再問神。

五、合木籤：多才巧智，富於機略，清閒之格。

六、病根：屬肝，口忌「酸」。

七、貴人方向在東方。

八、四季相：春「旺」、夏「休」、秋「死」、冬「相」。

九、不利方向：大人：不利方向在西方。

小兒：煞方在南方。

十、宜配生肖：龍、猴、牛大吉，其他生肖次之。

十一、不宜配生肖：羊、馬、兔、雞。

十二、男女運：有膽識、儒雅。

十三、查鬼神方向：1.南方二位男魂。2.制陰煞。

49 ䷠（天山遯）

「遯」是逃避。運氣衰退、對立場不利時，再有理也走不通。「遯竄」是逃去躲起來。占出這卦，只好三十六計走為上策，暫時退避等待下次的機會。

無論事業或家庭的運氣都是走下坡的時候。逃避一切現實，也是因時勢所迫，這是無可奈何的。不是裝好看，粉飾門面的時候，乾脆早點收場，縮小範圍。譬如，賣掉費用過重的大房子，換所小房住，謀取生活的平衡。否則，不僅潛逃，甚至上吊也是因為這回事。

關於婚姻是談不妥的。就是結婚也不會和諧。戀愛也是同樣地性格不合，有被女性欺騙的可能，至少對方已經轉移目標，將要離開你。

但是，這卦對於已成名的人是好的。宗教家、退休的老人家，常會得到這卦。還有，大家運氣不好時，凡是做遊樂生意的人，卻是好運的，所以，這卦對旅館業、飲食業、以遊客做對象的事業，可以積極進行。對於電影、演戲、藝能方面都是好的。以唱片來說，可以視為最暢銷唱片。

壬寅籤

屬金利在秋天宜其四方

小兒路遇惡鬼

佛前發誓無異心
且看前途得好音
此物原來本是鐵
也能變化得成金

第五十籤（●○● ●○○）

◉解曰

項目	解	項目	解
買男兒	好	求財	中中
出外	不可	大命	安
作事	難成	失物	急尋在
六甲	生男難養 生女好	功名	未成
歲君	吉	婚姻	宜成
官事	緊審自知	求雨	及時
年冬	早好晚平	來人	月光到
移居	可也		

一、遇林之虎：白天抽較平，晚上抽較好。

二、提示：人情似紙張張薄，世事如棋局局新。

三、金箔金：先使堅固，才能轉佳運。

四、詩解：凡事要有恆心，所求無法立刻實施，等到有利時機一到，一定會有消息，運氣逐漸轉佳，雖然現在不值錢，但有時候也會變黃金。

五、病根：屬肺，口忌「辣」。

六、貴人方向在西方。

七、四季相：春「囚」、夏「死」、秋「旺」、冬「休」。

八、不利方向：大人：不利方向在西方。

小兒：煞方在北方。

九、宜配生肖：馬、狗大吉，豬吉凶參半，其他次之。

十、不宜配生肖：蛇、猴。

十一、男女運：男：順運，有智慧，性情柔和，和群，喜歡幫助別人，問情人，可靠。

女：逆運：沒有主意，遇事退縮，看什麼事都不順，心裡好煩。

十二、查鬼神方向：1.西北男魂，東方女魂。

2.貴人東方、東南方。

50 ䷻（水澤節）

「節」是竹節，竹子一節一節地伸長的形態。在我們日常的生活中，也要有節度、節操、節制才行。「節」也有限界、限度的意思。占出這卦的時候，為生活的安定要節制開支。

譬如，為了求歡樂，為了求生活快樂，應有適當的節制。可是「節」的過度，就變成觀念的不合實際。如果，偏執於自己的理論，就會成為自纏自縛的狀態。

這不是「節」本來的正義，比方河水，如果長久不流動，自己本身就會陳腐的。我們的腦筋應該要隨時隨地去應變。

占出這卦，你多半是被誘惑的時候。聽了甘言，見了好餌，要好好地控制自己，不可輕舉妄動。

古人說這卦是「狐渡泥沼的像」。「水」有狐狸、煩惱的意義；還有「澤」是泥沼、陷阱、凹地的意思。全卦視為「狐陷泥中，拔不出腳」的狀態。

所以，在這時候是事業的開支過大，周轉不靈；或有恩將仇報的疑慮。

還有，你應該注意到你的健康。「節」是守節度，所以，對飲食要注意。好像盒裡裝水似地，胃裡積酒不能消化，有胃下垂的可能。

對結婚很好，互相尊重節操，是良緣。可是，要詳細調查一番，夫婦關係上應有的地方是有水之形，不可有缺陷。

壬辰籤

屬水利在冬天宜其北方

趙玄郎河東大戰龍虎關

東西南北不堪行
前途此事正可當
勸君把定莫煩惱
家門自有保安康

第五一籤（●●○　●●○）

解曰

項目	斷	項目	斷
買男兒	好	求財	冬天大吉
出外	不可	大命	不妨
作事	難成	失物	尋有
六甲	生男	功名	科運未到
歲君	吉頗好	婚姻	可成
官事	萬和	求雨	可也
年冬	早平晚好	來人	月光到
移居	可也		

一、行雨之龍：白天抽較平，晚上抽較好。

二、提示：有心開花花不開，無心插柳柳成蔭。

三、長流水，浩大而長流，細水納氣。

四、詩解：凡事不要輕舉妄動，胡思亂想，操之過急，耐心的按部就班，即得安泰，還是堅守本分較為妥當，不可急進，且應且守。

五、合水籤：熱忱可靠，廉明、向上，溫和。屬「黑」色。「內」：義利分明、溫和穩重。「外」：性懶惰，必有崩堤之憂。

六、病根：屬腎，口忌「鹹」。

七、貴人方向在北方。

八、四季相：春「休」、夏「囚」、秋「相」、冬「旺」。

九、不利方向：大人：不利方向在南方。

小兒：煞方在南方。

十、宜配生肖：鼠、猴、雞大吉，其他生肖次吉。

十一、不宜配生肖：牛、兔、狗、龍。

十二、男女運：固執、死板、心胸狹窄，遇事看不開，憂慮生悶氣，臉色黃裡透黑，傷腎、刑剋。

十三、查鬼神方向：1.西南男魂。2.陰煞。

51 ䷲（震為雷）

「雷」兩個疊起來，被示雷聲隆隆的意思。

萬里晴空，忽然起了黑雲，瞬息間，電閃雷鳴，驟雨傾盆。一會兒雷聲漸遠，雨消雲散，又見碧空如洗了。人們又由恐慌恢復到安定而高興。

你得到這卦，是說明：你雖然經過了恐慌，卻沒有災害。反過來說：就是聲音喊得很響，也沒有成果，所以需要鎮靜，但不可以鬆懈。

不要附和雷雨那樣，充滿著力壯的氣勢，大聲疾呼洋溢著狂妄的野心，於事是無補的，不如擬定周詳的計畫，腳踏實地去實行為佳。

關於婚姻問題，初婚是不利的，有兩個「雷」併在一起，有兩次返覆的意義。所以，對於再婚是好的。

壬午籤

屬水利在春天宜其東方

薛仁貴回家遇丁山

功名事業本由天
不須掛念意懸懸
若問中間遲與速
際會風雲在眼前

第五二籤（●○○　●○●）

◉解曰

項目	解	項目	解
買男兒	好	求財	浮沉
出外	不可	大命	起倒
作事	難成	失物	難尋
六甲	生男	功名	久就尾好
歲君	起倒	婚姻	不可
官事	有虛	求雨	多風少雨
年冬	平平	來人	立即到
移居	未可		

一、軍中之馬：白天抽較勞動，晚上抽較好。

二、提示：畫虎畫皮難畫骨，知人知面不知心。

三、楊柳木：繁茂之形狀，成長力不大。

四、詩解：成事在天謀事在人，功名事業完全看個人平時的努力，一分耕耘一分收穫，只要有實力，必能成功。凡事不必急於一時，只要時機一到，遲早會得到，人生像風雲，變幻莫測，只要有心努力必能達到。

五、合木籤：屬「青」色。多才巧智，富機略，義俠心，清閒。「內」：性剛勇敢，為善仁和，富於鬥志。「外」：熱忱可靠，精明，公正，一生向上溫和。

六、病根：屬肝，口忌「酸」。

七、貴人方向在東方。

八、四季相：春「旺」、夏「休」、秋「死」、冬「相」。

九、不利方向：大人：不利方向在西方。小兒：煞方在北方。

十、宜配生肖：虎、羊、狗大吉，其他生肖次吉。

十一、不宜配生肖：鼠、牛、兔、馬。

十二、男女運：心眼小，欲進又退，外表柔和，內心急躁，心神不穩，心律不整，幼年剋父，女子中年剋夫。

十三、查鬼神方向：1.南方男魂。2.青龍煞、制太歲。

52 ䷮（澤水困）

「困」的字意是圍在籬芭內的木，有如盆中的樹不能伸根展枝，有困苦的意思。從字形來說，好像口中長出木來似地困難。這是四難卦中的一個。

「困」是苦惱、疲憊，所謂困苦、困難、困憊，都是這個字的意思。《易經》對這卦的指示是：雖然在困苦缺乏之中，必須貫徹節操，堅守信心。因為你的主張走不通，要容忍自重。就是默守也是困難的時候。

還有一個看法，澤是裝水的，所以，可看做玻璃杯。這卦形是玻璃杯底下有水，好像玻璃杯有裂痕，水要漏掉的形態。現在是生活最貧窮的時候，除了君子聖賢以外，沒有不嘆息貧窮的。

占出這卦，如果是女性，表示自己為了生活困難或家庭關係，走出家門失掉了自己的立場，弄得不可收拾的時候。有的是初婚的破裂，有的跟有婦之夫糾纏，而陷入困境。這時不但沒有錢，連唯一希望的愛情也發生動搖，無依無靠，哭也哭不盡。有些受不了誤會和指責的人，就墜入不可自拔的深淵裡。

壬申籤

屬金利在秋天宜其四方

蘇秦夫妻相會

看君來問心中事
積善之家慶有餘
運亨財子雙雙至
指日喜氣溢門閭

第五三籤（○○○ ○●○）

◉解曰

買男兒	好	求財	援得
出外	好	大命	急好 援不好
作事	成好	失物	援尋
六甲	生男	功名	後科
歲君	中平	婚姻	可好
官事	緊審和好	求雨	月尾到
年冬	中平	來人	月光到
移居	未可		

一、清秀之猴：白天抽較好，晚上抽較平。

二、提示：逢人且說三分話，未可全拋一片心。

三、劍鋒金：不宜與人爭論，抑制自己。

四、詩解：此籤雖然目前未得亨通，但不必掛心，只要你一心向善，會有好的果報，運來時，求子得子，求財得財，相信指日喜氣將至家門。

五、合金籤：屬「白」色。「內」：當權得金，金助愈剛，適剛則折。「外」：熱誠可靠，精明人正，一生向上溫和。

六、病根：屬肺，口忌「辣」。

七、貴人方向在西方。

八、四季相：春「囚」、夏「死」、秋「旺」、冬「休」。

九、不利方向：大人：不利方向在東方。小兒：不利方向在西南方。

十、宜配生肖：鼠、龍大吉，其餘生肖次之。

十一、不宜配生肖：虎、蛇、豬。

十二、男女逆順運。「男」：無能力，好大喜功，一事無成，令人看不起他。「女」：性情柔和，有智慧，有義氣。

十三、查鬼神方向：1.西北女魂，灶君，陰煞。
2.宜天公廟祭拜。貴人在東南方。

53 ䷌（天火同人）

彼比沒有祕密，同心同力去做，什麼事都可以成功的卦。「同人」是我跟別人一起，跟別人相同的意義。同意、同一、同業、同行等，都不是單獨行動的意思。還有同志、朋友、同伴、同事的意思。

《易經》裡有：「君子和而不同」的句子，這是對好事意見一致的說法，不可以有「附和雷同」的盲目舉動。

在事業方面，是共同事業的成功，因為，有貴人提拔得到好結果，不要性急而招致失敗，要堅守到底。但不可以跟近親的人共同經營。一切事情越公開越好。

這卦對於愛情方面來說：男女都是交遊廣闊。女性都是美人，而求婚者接踵而來。

這卦是說，不能關在家庭裡，喜歡在社交場所出入。有強壯的身體、靈敏的頭腦，所以，把她關在家庭裡是有點可惜。因為精力有餘，最好讓她兼管內外的事情。

柔順的女性占到這卦，也可知她是個有特殊技能或特殊才能的人。

男性占了這卦的時候，便知道他是一位意志堅強的事業家，有支配能力的領袖人才。對於事業的競敵，決不會放鬆對他的警戒，其缺點就是性情稍微急躁。

入學考試，或者申請國民住宅的時候，得到這卦，保證成功。

壬戌籤

屬水利在冬天宜其北方

念月英相國寺

孤燈寂寂夜沉沉
萬事清吉萬事成
若逢陰中有善果
燒得好香達神明

第五四籤（○○● ○○●）

◉解曰

項目	解	項目	解
買男兒	成好	求財	重之原
出外	可行	大命	安
作事	難成	失物	難尋
六甲	援生男發善心	功名	難成
歲君	淡淡	婚姻	大吉
官事	和	求雨	必來
年冬	允好	來人	月尾到
移居	可也		

一、顧家之犬：白天抽較勞動，晚上抽較好。

二、提示：相逢好似曾相識，到底終無怨恨心。

三、大海水：穩重、胸懷大志，但衝動時不顧一切。

四、詩解：此詩明示當事人要想得到什麼，必須先怎樣去栽，所謂種豆得豆，種瓜得瓜，如果你暗中有過行善的因果，平日常燒香念佛，敬重神明的相助，將完成你的願望。

五、合水籤：熱誠可靠，一生向上，溫和之格。

六、病根：屬腎，口忌「鹹」。

七、貴人方向在北方。

八、四季相：春「休」、夏「囚」、秋「相」、冬「旺」。

九、不利方向：大人：不利方向在南方。

小兒：煞方在北方。

十、宜配生肖：虎、兔、馬大吉，其他生肖次之。

十一、不宜配生肖：牛、羊、龍、雞。

十二、男女運：固執、心狹量小、遇事看不開，多憂多慮。

十三、查鬼神方向：1.西方女魂。2.制太歲、貴人在東方。

54 ䷸（巽為風）

兩「風」重疊的象，是輕風吹動的形態，有時往東吹，有時往西吹，稻穗因風而結實，植物因風而繁殖。松籽借風力而輸送，蒲公英靠白傘而飛行。同樣地，你如果努力把周圍的東西利用，你的運氣就可以日見好轉。

這卦有出入或跟從的意義，所以，不能自己做主體去行動，如順風似地，要隨人順時，才能得到好處。這時候，只好跟著有力量的人去做。

可是，這卦在日常生活上來說，如風吹動，有往復來回的意思，所以，是多疑寡斷的時候。

還有乘隙之風的意思，當心門戶，人不在家的時候，可能有盜賊進來偷東西。還有如蒲公英或松籽，因風繁殖似地，從物質方面來說，有如很多的商品陳列在市場上的形態。

先前，商隊從遠處運來奇貨異品，陳列在市場，叫客人來購買，商隊在此地賺到的錢，又收買此地產品，再運到遠處去賣，好像風往遠地吹送東西來似地，「市則三倍商利」的大利。

關於婚姻問題，就像風吹似地談不成功。對方各另有候補，滯疑不決，覺得好像還有更好的人出現似的。

這時候，你可以請教長輩，或者有經驗的人的高見，來做你決定的參考。

癸丑籤

屬木利在春天宜其東方

郭華醉酒誤佳期

須知進退總虛言
看看發暗未必全
珠玉深藏還未變
心中但得枉徒然

第五五籤（●●○ ○○●）

◉解曰

項目	解	項目	解
買男兒	不可	求財	空
出外	無貴人	大命	驚
作事	難成	失物	不見
六甲	生男	功名	未到難
歲君	安	婚姻	不成
官事	拖尾	求雨	未來
年冬	平平	來人	未日到
移居	不宜		

一、家內之牛：白天抽較勞動，晚上抽較好。

二、提示：錦上添花人人有，雪中送炭世間無。

三、桑拓木：忍氣伸長、度量大。

四、詩解：當事人做任何事情，都不可能有十全十美的，但是，必須識時務、冷靜思考，知進退才行，虛言不實，成事不足而敗事有餘，要看看那黯然無光，未必成全的事，就像那深藏的珠玉，還未有變化時，就會患得患失，那是枉費心機。

五、合木籤：多才巧智，富於機略。

六、病根：屬肝，口忌「酸」。

七、貴人方向在東方。

八、四季相：春「旺」、夏「休」、秋「死」、冬「相」。

九、不利方向：大人：不利方向在西方。小兒：煞方在東方。

十、宜配生肖：鼠、蛇、雞大吉，其他生肖次之。

十一、不宜配生肖：龍、馬、羊、狗。

十二、男女運：固執，遇事看不開，多憂多慮，分不清是非，運途阻滯，環境不順。

十三、查鬼神方向：1.西南男魂。2.西方女魂。

55 ䷟（雷風恒）

「恒」是照常、當然。還有固定不變的意思，如「恒產」、「恒心」是經常保持同樣的狀態，也即是維持現狀。

還沒有結婚以前，送花去求愛的男性，一旦結婚以後，就想表示丈夫的尊嚴，說話語氣就不同了，這是人們現實的姿態。新婚的時候是卿卿我我的甜言蜜語，過了一些時候，心理就有點轉變，出口就不太客氣了。

年老的夫婦，則有家常便飯之感，平淡無味了。然而年輕的夫婦則雄心勃勃感情浮動，想要另找新歡，但不能如願以償，一考慮到家庭負擔，就又沒有了勇氣。太太方面雖然生活沒有問題，可是，也會發生不平，感覺到欲求不能滿足。

無論如何，能夠保持夫婦正常之道，就會平安無事的。對日常生活不要隨便變更，就不會有意外的變故。在事業方面也不要多事更動，按部就班踏實去做，就萬無一失了。

癸卯籤

屬金利在秋天宜其四方

楊官得病在西軒

病中若得苦心勞
到底完全總未遭
去後不須回頭問
心中事務盡消磨

第五六籤（●○○　●●●）

◉解曰

項目	斷	項目	斷
買男兒	不吉	求財	空
出外	平平	大命	難
作事	難成	失物	不見
六甲	生男	功名	難
歲君	頗安	婚姻	不成
官事	不可	求雨	尚未
年冬	平平	來人	未日到
移居	不可		

一、出林之兔：白天抽較勞動，晚上抽較好。

二、提示：不信但看筵中酒，杯杯先勸有錢人。

三、金箔金：先使堅固，才能轉佳運。

四、詩解：此詩所示人在病中，若還要苦心操勞，那多痛苦。其實找完全合乎理想的，本來就有人遭遇過事情，過了就算，不必再回頭去追究它，只要留住青山在，不怕沒柴燒。

五、合金籤：沉著、冷靜、勤儉，敬業。屬「白」色。「內」：多才巧智，富於機略，有義俠心。「外」：熱忱、可靠、精明、公正，一生向上。

六、病根：屬肺，口忌「辣」。

七、貴人方向在西方。

八、四季相：春「囚」、夏「死」、秋「旺」、冬「休」。

九、不利方向：大人：不利方向在東方。小兒：煞方在西方。

十、宜配生肖：羊、狗、豬大吉，其他生肖次吉。

十一、不宜配生肖：鼠、牛、龍、雞。

十二、男女運：男順運：有智慧，性柔和，博施濟眾，同情人，愛護人。女逆運：沒有主意，遇事退縮，不順暢。

十三、查鬼神方向：1.東南女魂。2.貴人東方、東南方。

56 ䷬（澤地萃）

是鑼鼓喧天熱鬧的祭典。在祭典熱鬧的時候，老老少少的情緒就跟日常不同了，大家都和和氣氣笑嘻嘻的。

「萃」是聚集的意思，就是很多人聚集在一個地方熱鬧。

《易經》萃的意思，是帝王參詣太廟，祭祀祖宗的大典，用盛大的犧牲供品，誠心感謝祖宗的先靈。以這種心情來行政治，表示政教一致，所以，祭祀是政治的重要行事。

帝王是這樣地來收拾民心。很多的人聚集在一起，固然是很好，可是，人多競爭也就激烈，因此，容易發生事故。

拿現代的情形來說，如大都市文明固然是進步，有種種的方便，可是，反而事故多，犯罪多。從一般的運勢來說，則有「鯉魚登龍門之象」。所謂登龍門，就是天下的才子都集中在一起考學校，考就職的意思。這卦占出來時，可以考取，職員有升級上進的希望。

聚集人們，聚集物品來熱鬧，是生意興隆的意思，也是逐步進展的氣象。宴會、旅行也是很多的時候。

對結婚是好卦。進行順利，男女都很容易談上愛情。雖然，候選人很多，可是，不要猶豫不決。

聽從長輩的話，快一點解決。這是帶愛人赴音樂會、上舞場，或者遠一點兒，到湖邊、到溫泉區去玩的時候了。

癸巳籤

屬水利在冬天宜其北方

白蛇精遇許漢文

勸君把定心莫慮
前途清吉得安時
到底中間無大事
又遇神仙守安居

第五七籤（○●● ○○○）

◉解曰

買男兒	好	求財	淡淡
出外	好	大命	不好
作事	成好	失物	難尋
六甲	月頭女 月尾男	功名	不就後科
歲君	淡淡	婚姻	可成平平
官事	宜和	求雨	不日到
年冬	平平	來人	未日到
移居	亦可		

一、草中之蛇：白天抽較平，晚上抽較好。

二、提示：求人需求大丈夫，濟人須濟急時無。

三、長流水：浩大而長流，細水納氣。

四、詩解：此語告訴當事人，須先下定決心，不要慌張，才能從容把事做好，同時安慰當事人，運氣安泰不必擔憂，大可安心，若問男女問感情，恐有頭無尾。

五、合水籤：正直，做人熱心，求上進，溫和之格。屬「黑」色。「內」：性剛勇敢，為善仁和，富於鬥志。「外」：外實內虛。

六、病根：屬腎，口忌「鹹」。

七、貴人方向在北方。

八、四季相：春「休」、夏「囚」、秋「相」、冬「旺」。

九、不利方向：大人：不利方向在南方。小兒：煞方在東方。

十、宜配生肖：牛、雞大吉，其他生肖次吉。

十一、不宜配生肖：虎、猴、豬。

十二、男女運：表面柔和，心裡急躁，臉色黑紅發青，身、心、靈不移，注意心臟病。幼年剋父，中年剋夫。

十三、查鬼神方向：1.東北二位男魂。2.求天公，貴方東南方。

57 ☶☰ (山天大畜)

秋收完成了，將稻穀堆進大倉庫裡，「大畜」大為儲藏的意思，有充滿、充實的意義，而等待著發揮充實力量的時期。

「大畜」還有大止、等著、努力一個時期的意思。我們為了要做大事業，必需大為養畜自己的力量，增加知識，提高品德，有充分的物質準備，然後，再開始行動。

「家畜」、「畜養」、「畜力」等都是養畜的意思。在日常生活中能養畜體力、精神力以便隨時行動。

這是我最喜歡的卦之一，看這卦形，就是遇到什麼困難，不以努力為苦，身心鎮靜，攸然自在地望著目標，那麼，什麼運氣都會好。根據自己的經驗或實驗，你可以充分發揮的時候。地盤安定，新事業的契約完成，踏進新境界的時候了。辛苦不會白費，時間過了就有成效。

關於婚姻問題，如有媒人從中說項是更好了，男性是個才子，而且品行端正，如果，積極地推動可以順利的完成。假如是當事人的戀愛婚姻占得這卦，會遭遇到長輩的反對，可是，要能堅持到底一定會成功的。

總之，占到這卦的時候，男女都是對生活、對愛情很認真的人，所以，一旦結了婚，就不會有時分時合的情形。

男性占了這卦，是表示對於自己將來的事業，抱著很大希望，所以，不會有輕浮不檢的事。女性也是好強的人，善於處理家務。

結婚以後，彼此都認真地努力修養自己，增加實力，經常抱著這種態度，算是一對好夫婦了。

癸未籤

屬木利在春天宜其東方

白蛇精（詐言）往（南海）遇漢文

蛇身意欲變成龍
只恐命內運未通
久病且作寬心坐
言語雖多不可從

第五八籤（○○● ○●●）

◉解曰

買男兒	不可	求財	淡淡
出外	不可	大命	安
作事	末日抽成	失物	允尋
六甲	生男	功名	難
歲君	平平	婚姻	未可
官事	反覆	求雨	遠
年冬	中中	來人	末日到
移居	不好		

一、群內之羊：白天抽較平，晚上抽較好。

二、提示：山中有千年樹，世上難逢百歲人。

三、楊柳木：繁茂之形狀，成長力不大。

四、詩解：蛇身想要變成龍身，運氣停滯未通，多障礙，也不可能，但不要悲觀、自暴自棄而墮落，不要自不量力，雖然理想很多，意見很多，要不要聽從，要忍耐，奮鬥等到時機，盡力而為，心存正念必有機會。

五、合木籤：多才巧智，富機略，義俠心。屬「青」色。「內」：義利分明，溫和賢淑，穩重。「外」：熱誠可靠、精明、公正、向上。

六、病根：屬肝，口忌「酸」。

七、貴人方向在東方。

八、四季相：春「旺」、夏「休」、秋「死」、冬「相」。

九、不利方向：大人：不利方向在西方。小兒：煞方在西方。

十、宜配生肖：兔、馬、豬大吉，其他生肖次吉。

十一、不宜配生肖：鼠、牛、狗。

十二、男女運：固執死板，心胸狹窄，遇事看不開，常生悶氣，分不清是非，憂慮，精神萎靡不振，傷腎，虧損元精，少年剋母，中年剋妻。

十三、查鬼神方向：1.東方女魂。2.貴人在東方、東南方。

58 ䷴（風山漸）

「漸」是有秩序的前進，好像水鳥從水面起飛，飛到了岩石上面，然後飛到陸地，再飛到樹上，又到了山上，終於飛進雲端消失了。《易經》載明有這種秩序。就是水鳥按著季節變換其生活的地方。女人離開家鄉嫁到別的地方，也是一樣的。因為，飛動而得幸福。

如果，你接到對方的求婚，那是良緣，可以成功的。如果，你現在戀愛中的話，不要停止下來，早點結婚，可以得到幸福，但一定要按照順序進行。以日常生活來說，好像學校教育，由小學經中學、大學的順序似的；又像人的身體頭腦的成長。

從前女性到了結婚的時候，總有種種麻煩的手續。現代雖然沒有那些形式的問題，可是，結婚仍為一生的大事，還是要按照順序進行才好。

男性如果是晚婚，這時候正像是剛起飛的水鳥，說不定太太以外，還會發生色情問題。

癸酉籤

屬金利在秋天宜其西方

皇都市上有神仙

有心作福莫遲疑
求名清吉正當時
此事必能成會合
財寶自然喜相隨

第五九籤（●●●　●●○）

解曰

買男兒	好	求財	淡淡
出外	平安	大命	安
作事	好成	失物	難成
六甲	生女 生男貴氣	功名	援得
歲君	中中	婚姻	可也
官事	中和	求雨	不日到
年冬	平平	來人	末日到
移居	可也		

一、棲宿之雞：白天抽較好，晚上抽勞動。

二、提示：世上若要人情好，賒去物件莫取錢。

三、劍鋒金：不宜與人爭論，抑制自己。

四、詩解：一個人只要有心向善，就不要遲疑不決，自然得到庇佑，這時正是求取名聲的時候，只要取之有道，財利自來，相信這事一定能夠做得很適合。

五、合金籤：沈著、投機、勤儉、敬業。屬「白」色。「內」：當權得令，過剛則折。「外」：熱忱可靠，精明公正，一生向上溫和。

六、病根：屬肺，口忌「辣」。

七、貴人方向在西方。

八、四季相：春「囚」、夏「死」、秋「旺」、冬「休」。

九、不利方向：大人：不利方向在東方。小兒：不利方向「煞方」在東方。

十、宜配生肖：牛、龍、蛇大吉，其他生肖次吉。

十一、不宜配生肖：鼠、兔、雞、狗。

十二、男女逆順運：「男」：做事好大喜功，一事無成，對人對事一點虧也不肯吃，令人看不起他。「女」：性情柔和，有智慧，能學習他人的好處，有義氣。

十三、查鬼神方向：1.東北男魂。2.符煞、求上蒼。

59 ䷗（地雷復）

「復」是回到原來的地方的意思，所有的陰慢慢變回陽的形態。易卦的形態是由下往上變的。地下恢復了暖氣，將再得到春天的機運的形態，到了春天草木萌芽，接著開花結實，隨四季的變化，萬物漸漸地生長發展。這是初春的卦象，所以，是一步步在前進的徵象。

「往復」是去了又回來，「復元」、「復原」是回復原狀，所以，「復」是萬物返回原狀的意思。返回原狀還有重新再來的意思。

在易占上的「復」是在冬至新年的新一段期間。冬至是一陽來復，回到春天的日子。

過去在中國的皇帝，到了冬至這天，就命令停止交通，所有政治各機關都休假一天，是要好好地計劃下一個年度的大計。我們明年的運氣如何，都是在今年的冬至這天，滿潮的時刻，占卦來判斷的。

假使你計劃要做一種事業時，一定要計劃將來工作的目標。這是無論什麼場合都是一樣的。尤其是占到「復」卦時，弄得不好，又要從頭再來。所以，要鎮靜而詳細地計劃進行的步驟。

關於婚姻或戀愛的事情，這卦是對再婚或復緣較為有利，初婚的人占了這卦是不太好的。就是出嫁了，可能還要再回來。

夫婦吵架分居時占了這卦，不久就會言和。年輕人占到這卦，是表示容易找到對象，可是，結婚還要相當的時間，因為，這卦是一個男人跟五個女性結合的形態，所以，都不會有深刻的交情。

癸亥籤

屬水利在冬天宜其北方

薛剛踢死太子驚崩聖駕

月出光輝本清吉
浮雲總是蔽陰色
戶內用心再作福
當官分理便有益

第六十籤（●●● ○●●）

解曰

買男兒	不吉	求財	平平
出外	不可	大命	不好
作事	成好	失物	難尋
六甲	生女	功名	後科
歲君	把方殺	婚姻	難成
官事	得宜	求雨	不日到
年冬	平平	來人	月光到
移居	得安		

一、林下之豬：白天抽較勞動，晚上抽較好。

二、提示：人生似鳥同林宿，大限來時各自飛。

三、大海水：穩重、胸懷大志，但衝動時不顧一切。

四、詩解：人生不如意十之八九，就像那光明的月亮，偶爾也會被烏雲遮住，光芒被遮住就感到不平，更應該勤修其德，當那烏雲撥開，必會再度光芒明亮美麗。

五、合水籤：熱誠可靠，精明公正，溫和之格。

六、病根：屬腎，口忌「鹹」。

七、貴人方向在北方。

八、四季相：春「休」、夏「囚」、秋「相」、冬「旺」。

九、不利方向：大人：不利方向在南方。

小兒：煞方在西方。

十、宜配生肖：羊、兔大吉，虎吉凶參半，其他生肖次之。

十一、不宜配生肖：蛇、猴、豬。

十二、男女運：悠閒、儒雅。

十三、查鬼神方向：1.南方男魂。2.符煞、制太歲。